中央档案馆藏
美军观察组档案汇编

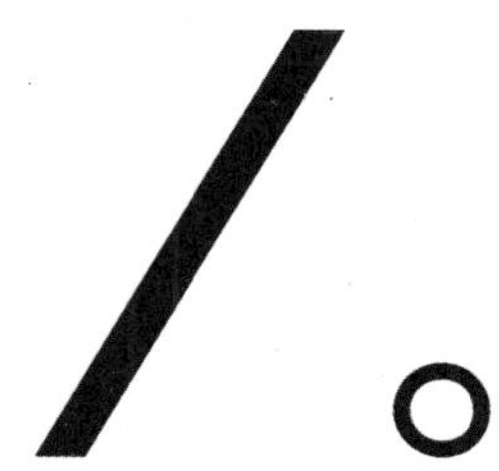

[排印版]

中央档案馆 编

上海远东出版社

目　录

“到东京吃茶去”：中美合作抗日的历史见证

——中央档案馆藏美军观察组档案揭秘

杨冬权

2015年7月

1944年7月22日和8月7日，美军观察组一共18人，分两批先后到达延安。

这是中国共产党历史上的一件大事。因为这是中国共产党成立以来第一次与外国军队尤其是与美国这样一个大国的军队开展长期合作并得到其高度评价，是中国共产党国际地位得到提高的标志性事件之一，也是中国共产党外交工作开始的标志性事件之一。

这是中国抗日战争史上的一件大事。因为从此，中国抗日战争的重要盟国美国，不但与国民党的力量合作抗日，而且与共产党的力量合作抗日，美国与中国的合作抗日从此进入一个新阶段，形成一种新格局。

这是世界反法西斯事业中的一件大事。因为这是世界反法西斯战争东方主战场——中国的新兴政治力量中国共产党与当时世界反法西斯战争盟国中的军事强国——美国之间的合作，是中国共产党在反对日本法西斯的事业中开展得最重要的一次国际合作，这次合作，加速了日本法西斯的崩溃，推动了反法西斯事业在中国、在世界的发展。

在中国抗日战争暨世界反法西斯战争中，美国人民曾同中国人民互相支援，合作抗日。美军观察组到延安，则是中美合作抗日的一个重要的标志性事件。**“到东京吃茶去”**，曾是美军观察组在延安向中共军队发出的诚挚邀请，体现了中美军队携手抗日、直捣黄龙、灭此朝食的壮志豪情，是中美合作抗日的一句代表性名言。

在中国抗日战争中，中国共产党坚持全面抗战、持久抗战，广泛发动人民群众，开展游击战、地道战、地雷战、破袭战、麻雀战、夜袭战等各种形式的人民战争，有效地歼灭、打击、牵制了日军。美军观察组在深入实地进行考察后，深刻地认识到：**“救中国，非共产党之力量不可。”**这一在当时洵属石破天惊的结论，不但是美军观察组的一个重要收获，而且是国际政治家中 70 多年来不断被验证为正确、并将继续被验证为正确的最为著名的中国政治预言之一。同时，让美军观察组得出这一惊世预言并有可能也上报到美国政府和美国军队的决策层，是中国共产党接待美军观察组的一个成功，是中共与美军观察组合作的一项重大政治成果。

今年是中国抗日战争暨世界反法西斯战争胜利 70 周年，为了纪念这场胜利，呈现当年中国共产党与美国合作抗日的那段鲜为人知的历史，我们把中央档案馆收藏的有关美军观察组的档案，汇编在一起，影印出版，公之于世。

由于各方面原因，中央档案馆现藏的与美军观察组有关的档案只有 70 多件。但这些并不系统、并不完整的档案，还是可以为今天的人们揭示出以下几项秘密。

一、毛泽东和中共中央从一开始就对美军观察组非常重视，热烈欢迎，并给予积极配合

当 1944 年 6 月 23 日驻重庆美国陆军总部代理参谋长费尔利斯准将向八路军驻重庆办事处代表林伯渠（笔者按：即林祖涵）致信询问美军观察组可否到延安及八路军控制地区调查访问时，林伯渠就代表八路军表示欢迎，并保证给予观察组以“充分的合作”，给以“工作上和行动上的自由，及通信联络的自由”，“以便迅速打败我们共同的敌人日寇”。**为了共同打败日寇**，这是毛泽东和中共中央欢迎美军观察组的最主要动机和原因。

接到林伯渠的报告后，中共中央主要领导人毛泽东很快便于 6 月 28 日复电林伯渠等人，让他们代表他本人和朱德、周恩来等中共中央领导人对美军观察组来延安“表示欢迎”，并从当天起就开始检查飞机场，随时准备欢迎美军观察组的到来。7 月 4 日，中共中央又以毛泽东名义致电林伯渠等人，详告延安机场情况及降落时应注意事项，并嘱他们与美军详谈一次，以保证观察组飞延时顺利着陆。为便于美

军观察组到延后的工作便利，7月14日，周恩来经毛泽东批准，专门致电林伯渠等人，转告美军观察组，最好能自带无线电台来延安，因本地发报局发电极慢，不便工作。

观察组第一批人员到达延安时，因机场设备简陋，飞机降落后便受到损坏。但延安给予观察组人员以力所能及的热情招待，并免去观察组的膳宿费用。为此，包瑞德组长于1944年7月22日亲自致信朱德表示感谢。信中说："观察组自抵延后，承蒙热烈招待及友爱之待遇，全体至深铭感。为我等之安适，已作一切可能之准备，我等生活颇为愉快。我请求允许观察组之组员偿付其在延及旅行时之生活费用。"

当美军观察组两批18人全部到达延安后，毛泽东不仅宴请招待了他们，而且亲自大篇幅地修改了延安《解放日报》8月15日的社论《欢迎美军观察组的战友们》。他称美军观察组是"战友们"，说美军观察组到延安，是"中国抗战以来最为令人兴奋的一件大事"，"对于争取抗日战争的胜利，实有重大的意义"，因为这将有助于美国和世界各国了解这样一个过去一直被国民党封锁的事实真相，即："七年来，近五十万的八路军新四军和八千余万被解放了的人民，在华北、华中、华南三大敌后战场奋勇作战"。"敌后战场成了中国抗战的最重要战场"。毛泽东相信"该组的战友们一定会对此间情况作周密的和深刻的观察，并对于双方如何亲密合作以战胜日寇，必能多所擘划"。美军观察组工作的成功，"会使美军统帅部对于中国共产党始终坚持团结抗战、实行民主的政策，和共产党领导下的敌后抗战力量，获得真实的了解，并据以决定正确的决策"；并"会增进中美两大盟邦的团结，并加速最后战胜日寇的过程"。这就是当时毛泽东和中国共产党从共同战胜日本法西斯这一世界大局的角度所认识到的美军观察组来延安这件事的重大政治意义。显然，在毛泽东和中共中央看来，美军观察组到延安，不仅于中共自身有利，于中国的抗战事业有利，而且于增进中美两国团结有利，于加速最后战胜日寇的过程有利。因此，毛泽东才代表中共中央和中国共产党，代表五十万八路军新四军和八千多万敌后根据地人民，代表各根据地民主政府，"向远道来此的观察组全体人员，致热烈欢迎之忱！"

8月18日，毛泽东又签发了由周恩来起草的中共中央关于外交工作的指示，进一步阐明了美军观察组来延和将分赴前方考察的重大意义，指出了应该如何接待并与之进行合作的原则和方法。这一指示首先列举了最近三个月中发生在敌后根据地的三次涉外事件："自5月底中外记者参观团来边区后，接着便有美军观察组18人奉史迪威总部之命先后来延，并将分赴前方。同时美军第14航空队亦派欧高士少校及一上士经五战区前往我鄂中五师地区，担任前线侦察。"接着分析道："由于我党政军民的努力和国民党统治人士的日益反动与无能，目前两个中国（新民主的中国和法西斯化的中国）在抗战营垒中的对照是更加明显了，这次外国记者、美军人员来我边区及敌后根据地，便是对我新民主中国有了初步认识后的实际接触的开始，因此，我们不应把他们的访问和观察当作普通行动，而应把这看作是我们在国际间统一战线的开展，是我们外交工作的开始。"这里说到了两个"开始"、一个"开展"，即外国对中国共产党领导下的新民主中国实际接触的开始，中国共产党外交工作的开始，中国共产党国际统一战线的开展，精辟地揭示了美军观察组到延安的实际意义。如果从发展的、长远的角度看，这种"开始"和"开展"是具有更重大意义的。

为什么这么说呢？指示分析说："如果大家承认八年来国内统战政策，曾经给我们以极大的发展，那么，今后国际统战政策，将可能给我们以更大的发展。而且，如果国际统战政策能够做到成功，则中国革命的胜利，将必增加许多便利，这是可断言的。"这可以说是理由之一。指示接着又分析了第二个理由："美军人员来我边区及敌后根据地的理由，为有对敌侦察和救护行动之需要，准此可争取其逐渐扩张到对敌作战方面的合作和援助；有了军事合作的基础，随后文化合作，随后政治与经济合作就有可能实现。"

虽然美军观察组到敌后对中国共产党意义重大，但中共中央也很冷静地提醒全党："目前不应希望过高。"为什么呢，原因有三：第一，"目前美英苏外交的重心仍是放在国民党方面"。第二，党的"这种外交现在还是半独立的外交，因为一方面重庆国民政府还是中国人（我们在内）及同盟国所承认的中央政府，许多外交来往还须经过它的承认”。“另一方面国民党不愿意我们单独进行外交活动的，我们与同盟国家只有冲破国民党种种禁令和约束，才能便于我们外交来往和取得国际直接援助。”第三，“且就英美内部言，也有进步、中间、顽固三种势力存在，即在其政府中亦复如此”。后来的事情发展证明，正是由于当时美国外交重心仍在国民党，国民党对美共接近甚为忌惮，极力加以反对和阻挠，加之美国政府与军队中的反共顽固势力的存在，导致美国与中共的关系由热变冷，美军观察组与中共的合作计划未能全部实现,美军观察组的一些核心人员被调离延安甚至被排挤回美国。

经过以上分析，指示提出了当时包括接待美军观察组在内的党的外交工作的中心：扩大我们影响，争取国际合作。指出：“我们外交工作中心，应放在扩大我们影响，争取国际合作上面。”指示提出了目前党在军事、政治、文化、经济、宗教等方面的外交政策。其中说：“军事上是在取得我们同意和遵守政府法令的条件下，同盟国的军事人员及武装力量，可进入我们地区，执行共同抗敌的一切工作，并取得我们协助; 同时我们也欢迎盟国给我军以军火、物资、药品和技术上的援助。”这一军事外交政策，正是中国共产党对接待美军观察组的政策。根据这一政策，美军观察组进入中共领导的敌后根据地,前提条件是“取得我们同意和遵守政府法令”，其任务是“执行共同抗敌的一切工作”，凡执行这一任务的，即可“取得我们协助”。同时，如果美军“给我军以军火、物资、药品和技术上的援助”，“我们也欢迎”而不会拒绝。

为了在接待美军观察组等外交工作中不犯错误，指示提出了“必须站稳正确的民族立场”这一重要问题。正确的民族立场是什么呢？指示说，为了克服中国近代史上中国人在民族立场上所犯的排外或惧外的错误观念，“我们应一方面加强民族自尊心自信心，而不是排外，另方面要学习人家长处，并善于与人家合作，但决不是惧外媚外。这就是正确的民族立场，也就是新民主主义中国的新人典型。”在接待美军观察组的全过程中，中国共产党都是采取这一正确的民族立场行事的，既不盲目排外，又不一味惧外或媚外，体现出了民族自尊心、自信心，体现出了虚心学习、善于合作，从而模范地树立了“新民主主义中国的新人典型”。

最后，为了切实做好包括接待美军观察组在内的外交工作，指示还明确提出了一些具体的要求，包括：“见到盟国人员，不可一见面就向他要东西”；“事前应周知博访深思熟虑，但一经决定和宣布之后，便应力求贯彻主张”，即重信守诺；“关于文件材料及谈话内容，可告者应力求真实，不可告者应力求隐蔽”；“态度应谨慎坦率”；招待要“朴素热烈，一方面切忌铺张，另方面也不可冷淡”。

印发这一专门的党内指示，并从原则和具体方面及时加以指导，进一步体现了毛泽东和中共中央对接待美军观察组的重视。

为使与美军观察组的合作取得切实成果，1944 年 8 月 20 日，中共中央以毛泽东的名义，向山东军区和新四军军部发去电报，要求他们“以尽可能快的速度”，收集美军观察组需要的青岛、烟台、连云港等沿海地区的日寇军事情报。9 月 6 日，八路军参谋长叶剑英专门致电新四军负责人，要求他们侦察沪杭一带敌情以告美军观察组。

为便于美军观察组到敌后各抗日根据地考察，1944 年 8 月 20 日，中共中央以毛泽东名义给太行、山东、华中根据地领导人邓小平、滕代远、罗荣桓、黎玉、张云逸、饶漱石发电要求他们“选择适当地点，各开辟一个飞机着陆场”，并要求“这一工程，必须有首长负责，专门指导”。9 月 7 日，中共中央又以毛泽东名义致电晋西北和晋察冀根据地，告诉他们美军观察组考林和琼思二人去的任务。

根据中共中央的安排，1944 年 8 月上旬，八路军副总司令彭德怀和新四军军长陈毅，分别向美军观察组介绍了八路军在华北抗战和新四军在华中抗战的情况。9 月 1 日，中共六届七中全会主席团会议专门集体听了周恩来、叶剑英关于美军观察组活动的汇报，为了做好对美军观察组的配合工作，会议决定，“各个战略单位”“增加副参谋长”，“拟一编制发到各地”；“设一外事组，将翻译组织起来”；加强宣传工作和情报工作。

美军观察组去根据地，有些根据地领导怕招来日寇“扫荡”，因而不愿让美军去。1944 年 9 月上旬，华中新四军负责人张云逸等人即致电毛泽东、刘少奇，认为“美军事人员经常来往华中潜伏地区，在目前条件下，可能引起敌人注意和‘扫荡’，使将来航空比较困难，此时我们害多利少”。毛泽东当即认为不妥，很快就与刘少奇联名复电，告诉他们：“机场筑好后，大批美军人员陆续飞来军部及各师，我们应表欢迎。”“虽可能引起日寇‘扫荡’，但比较全局，利多害少。”并说：**“放手与美军合作，处处表示诚恳欢迎，是我党既定方针。**”这封电报，表达了毛泽东和中共中央从中美合作抗日的大局出发，不计小害，宁可冒被日军加大“扫荡”的风险和危害，也要坚决地放手与美军合作的坚定态度，显示出毛泽东和中共中央对美军观察组及对美军的切实重视、高度重视。

1944 年 10 月 8 日，当美军观察组彼德金等 7 人将经晋绥赴晋察冀考察时，中共中央军委专门致电晋察冀军区领导人，要求他们保障美军观察组人员安全，准备迎接并提供有关情报。

1945 年 2 月，美军观察组成员、负责陆空救护工作的费特赛中尉在晋察冀军区二分区不幸牺牲，毛泽东亲自以中共中央军委名义致电晋察冀中央局领导人，让他们把情况查明详报，并“将费特赛棺材妥移机场附近，准备起运”回延，“遇美国人应向他们表示惋惜，并承认保护不周”。

1946 年 3 月，美军通知周恩来，“拟即撤退延安美军观察组”，周恩来当即代表中共中央挽留，“让他们在延再留一时期，和美在华陆军总部同时撤销”。周恩来请示中央后，3 月 12 日，毛泽东亲自复电，同意“美军观察组再留延一时期，以表示我对美之欢迎态度”。

另据毛泽东年谱和其他史料记载，美军观察组第一批人员到延安后的第 4 天，即 1944 年 7 月 26 日，毛泽东就设晚宴招待了他们，席间并同他们进行了交谈。交谈中，毛泽东还向观察组提出美国是否有可能在延安建立一个领事馆的问题。8 月 2 日，毛泽东又同观察组成员、美国驻华使馆二等秘书、中缅印战区司令部政治顾问谢伟思，就国共关系问题进行了长时间谈话。10 月 5 日，毛泽东和朱德共同出席美国陆军中印缅战区统帅部在延安举行的为美军观察组组长包瑞德授勋仪式。10月9日，毛泽东在见到谢伟思时，又同他谈了国共关系问题。12 月 8 日，毛泽东与周恩来一道与包瑞德会谈，阐明中共对国共谈判条件的原则立场。1945 年 3 月 13 日，毛泽东专门会见 4 天前从重庆返抵延安的谢伟思，向他阐明对未来中国的看法。

二、美军观察组的派驻与撤销皆由美国人主动提出

关于美军向中共中央驻地延安派驻观察组，到底是美国还是中国共产党或中国国民政府先行主动提出的，学术界存有不同说法。本书收录的这批档案显示出了一些来龙去脉。

1944 年 6 月，八路军驻重庆办事处负责人林伯渠、董必武专门向毛泽东报告了关于美国派军事人员赴延一事的前后经过："罗斯福过去曾三次电蒋要求，均遭蒋拒绝。""这次华莱士来渝，文生德、台维士、谢尔维士等临时主张再由罗斯福向蒋要求，罗在四小时内立即回电同意，华莱士立率美方有关人员全体见蒋，正式提出罗的电报，蒋略为踌躇，最后即表示：'只要共产党方面允许，你们可以派人去，但须军事委员会给名义，可直接同何应钦商量。'""谢等次日见何"，何"完全同意"了谢等的要求。林、董电报所述情况，应来自于台维士（笔者按：即戴维斯）、谢尔维士（笔者按：即谢伟思）等美方人员与他们联络时所讲，因此具有很高的权威性和很大的真实性，应属可靠消息。

1944 年 7 月 15 日，毛泽东在向党内通报时局近况时也采用了这一说法："罗斯福三次电蒋要求派美国军事代表团来延安，均被蒋拒绝；此次华莱士来华，率美方在渝有关人员全体见蒋，正式提出罗斯福第四次电报，蒋始被迫答应。"中共最高领导人毛泽东向党内通报中的这一说法，应是当时中国共产党所能掌握到的全部情况。

从本书收录的档案看，美国派军事观察组赴延安，最初是由美国总统罗斯福

向中国国民政府领导人蒋介石提出的，但开始连续提了三次，蒋介石都没有同意。直到 1944 年 6 月，美国副总统华莱士访华时，在华的美军军官谢伟思等人临时又请示总统，建议由总统再次致电蒋，由华莱士副总统当面向蒋提出，罗斯福总统当即复电同意。华莱士立即率美方有关人员面见蒋介石，面交罗斯福总统的电报。这次蒋介石只好同意，让美方与何应钦具体商量。第二天，谢伟思等人面见何应钦，要求美军人员自行前去延安，不要国民政府军委会派人陪同，何应钦也完全同意了这一要求。于是，1944 年 6 月 23 日，费尔利斯正式向林伯渠致信，称："美国陆军总部获得国民政府准许，将派遣美国官员组成的观察组去中国北部延安及十八集团军作战地带及日占地区进行调查访问。"要求"给他们自由旅行、观察，允许他们直接与其总部用无线电通信联络,在调查访问期间给予协助"。第二天,6 月 24 日，林伯渠便回函表示同意。6 月 23 日，费尔利斯还经林伯渠致函毛泽东，提出了同样的要求。毛泽东于 6 月 28 日复电，对美军事人员来延"表示欢迎"。美国甚至还就向延安派驻军事观察组一事，征得苏联同意。1944 年 7 月 15 日董必武在给毛泽东、周恩来的电报中报告说：美军观察组后来的领队包瑞德曾向他们说："领事曾先征求苏联同意的。"经过一系列准备后，美军观察组第一批成员包瑞德等 9 人到达延安；8 月 22 日，第二批成员卢登等 9 人也到达延安。

1946 年 3 月 9 日，美军中国战区总司令魏德迈提议取消延安观察组。3 月 11 日，周恩来电告中共中央："马歇尔转来魏德迈通知，为执行美陆军部复原计划，拟即撤退延安美军观察组"，"并问我们意见"，"我即答已让他们在延再留一时期，和美在华陆军总部同时撤销"。中共中央于次日复电同意。3 月 13 日，周恩来正式致函驻重庆美国大使馆的美陆军上将卡尔菲，"希望美军驻延观察组一直维持到美军司令部从中国撤退以前。我们这样要求是为了建立我们之间的直接联系，能够更进一步更好地了解和合作"。结果，4 月上旬，美军参谋团叶顿上校还是通知中共中央："观察组定于本月 9 日撤销，全部人员将飞沪。"叶顿同时还告：为使双方联络不致中断，中共可由周恩来向吉伦将军提议"派一军官（不低于上校阶级）

驻延担任联络”。据其他史料，美军观察组撤出延安后，留下的军官改称美军联络组，于 1947 年 3 月 11 日撤离延安。

由上可知，美军观察组的派驻和撤出，都是由美方主动提出的。所不同的是，美方提出派驻时，中共中央当即同意；美方提出撤销时，中共中央当即挽留，希望在延再留一段时间。仅仅不到一个月，美方还是最终决定撤出，只同意留下少数人继续担任联络。这样，美军观察组从 1944 年 7 月 22 日到 1946 年 4 月 9 日，在延安和华北敌后抗日根据地共执行了 620 多天的任务。

三、美军观察组在延安和华北敌后抗日根据地，具有重要使命

美军派观察组到延安和华北敌后抗日根据地的使命是什么？

1944 年 6 月 23 日，费尔利斯致林伯渠的信中说是“去中国北部延安及十八集团军作战地带及日占地区进行调查访问”；同日他致毛泽东的信中说是“前往华北各地考察，在该区域内搜集关于日人情报的工作”。1944 年 6 月林伯渠、董必武在给毛泽东的电报中报告说：“美国之积极要求派人常驻延安与华北，不仅为了今天飞机轰炸日本的需要，必然还另有目的：（甲）详细了解我与苏联的关系，现在是否受苏联支持；（乙）详细了解我们的建设方向，战后是否与美国合作。”1944 年 7 月 15 日董必武致毛泽东、周恩来的电报中称，美军观察组领队包瑞德武官说：“我感觉此次任务很重大，要做到与中国新力量合作，如做不好，此生完了。”“拟带一美籍日本人来延学习研究日本问题概况及了解日朝满等机密，防敌机袭击。”1944 年 7 月 18 日董必武致毛泽东、周恩来电报中又报告：“美考察团来延，他们意思，主要商量在边区及敌后根据地建设飞机降落场问题，及了解我们实际情况。另从旁观察，得知我们与苏联的真实关系。”“他们对敌情很注意，因为在国民党方面很不了解华北敌情，希望我们帮助了解东北、华北敌人的大工业区、机场布置。”8 月 15 日，毛泽东在向全党的通报中指出：“由于抗战中我党力量发展，国民党军政腐败，特别是豫湘战争惨败，引起美英耽心和极大注意。外记者团、美军观察组

先后来延，目的即在了解我党实力及其在反攻中的作用，搜集敌伪情报，寻求对日作战的便利条件和基地。”这把美军观察组来延的原因和目的清楚地揭示了出来。

概括以上档案，美军观察组的使命主要有：1.“搜集关于日人情报”，为美军轰炸日本服务，并防止日本飞机袭击美军，寻求对日作战的更有利的基地；2.“与中国新力量合作”，了解中共的实力和在对日反攻中的作用，准备与中国的民主新军和抗日劲旅——中国共产党及其领导的人民军队合作抗日；3.了解中共与苏联的关系及中共的建设方向，确定战后美国是否与中共合作。

四、合作抗日是美国与中共双方的共同意愿

从本书所收的档案看，美军与中共为战胜共同的敌人日本而合作抗日，是抗战期间美国与中共双方的共同意愿。当美方刚向林伯渠提出向延安派驻军事观察组时，林伯渠便代表中共中央表示欢迎和配合，“以便迅速打败我们共同的敌人日寇”。当观察组到延安后，毛泽东在改写《解放日报》欢迎社论时，就期待观察组和中共能够“亲密合作战胜日寇”。1944年11月18日，新到中国就任美军中国战区总司令的魏德迈在写给朱德的信中说，“为早日战胜吾人之共同敌人，将大有赖于最亲密与最有效之合作”。12月8日，周恩来在致赫尔利的信中说：“关于贵我双方军事合作，目前确由于蒋主席（笔者按：即蒋介石）之多方限制，不能谋取迅速解决，但我们为击败共同敌人计，始终愿与阁下及魏德迈亚（笔者按：即魏德迈）将军继续磋商今后军事合作之具体问题，并与包上校领导之美军观察组保持密切联系。”8天后，周恩来再次复信赫尔利，又表明了上述立场：“吾人自与美军观察组及阁下接触以来，即一本合作精神，力谋有利于击败日本的共同事业之发展。”1944年12月16日，毛泽东在给赫尔利的复信中说：“十一月间，罗斯福总统选举胜利时，我曾去电祝贺他。在他回给我的电报上说：‘为着击败日本侵略者，愿意和中国一切抗日力量作强有力的合作。’你转达给罗斯福总统，我对于他的这个方针表示完全同意。”可见美国和中共最高领导人都愿意为了打败日本侵略者而作强有力的合

作。1945年1月5日，美军印缅战区总司令斯彻特梅耶致电朱德，就美军飞行员在敌后抗日根据地获救等事，“感谢阁下在吾人共同事业中之宝贵努力”。把美方与中共的合作抗日看作是“共同事业”。1945年1月13日，魏德迈在致朱德的电报中也说：“华北人民所予我方失事空军人员之帮助，使彼等得重返基地，继续对共同敌人日本作战，对阁下及贵方人民此等可贵之帮助，特致谢意。”他继续把日本称作美国与中共的“共同敌人”，把“对共同敌人日本作战”作为双方的共同点加以强调。这些都说明向延安派驻美军观察组，是美国与中国共产党在合作抗日、共同对日作战方面的一个重大合作和标志性事件，这一事件，促进了美国与中共的联合抗日，加强了抗击日本法西斯的国际合作和国际统一战线，为中国抗日战争和世界反法西斯战争的胜利作出了贡献。

五、美军观察组在延安和华北敌后抗日根据地作了很多考察

美军观察组到延安后，都有一些什么考察活动呢？根据本书所收档案，美军观察组在延安和敌后的考察主要有：

1. 听取情况介绍。如，在延安，听取叶剑英关于八路军、新四军编制与装备情况的介绍，1944年8月6日、8日、9日听取八路军副总司令彭德怀关于八路军华北抗战及华北敌我友军情况的介绍，8月10日听取新四军军长陈毅关于新四军华中抗战及华中敌我友军情况的介绍；听取林彪关于八路军、新四军教育训练情况的介绍；听取晋察冀、晋冀鲁豫、山东、晋绥四大敌后抗日根据地领导人对根据地情况的介绍。到各根据地后，各根据地又作了更具体的介绍。如在晋察冀时，晋察冀军区向观察组介绍了目前的军事形势和敌我斗争态势以及人民武装的发展与斗争经验；边区政府向其介绍了边区的民主政治建设情况。

2. 开展专门座谈。如，观察组在延安期间，八路军分别召开了关于敌伪军研究、关于通信、关于空军与轰炸目标、关于气象及训练班、关于空军陆地情报、关于敌后根据地对美军飞行员的地面救护、关于医务及医药、关于政治工作与民兵游击队、

关于海军情报、关于爆破等专门的座谈会，由相关专业人员对口进行介绍、交流和讲解。

3. 实地考察参观。如，在延安参观延长油厂、兵工厂、陶瓷工厂、皮革工厂、医院、展览会、绥德抗大、清涧六中、359 旅教导队等，在晋察冀根据地参观了军需厂、白求恩学校、国际和平医院、报社、陆军中学等，观看了军区部队的飞雷、枪榴弹、掷弹筒、手榴弹、地雷等试验，参观了地道、地洞，化装成农民到敌人岗楼附近考察。有的成员还访问了边区政府的主任、各处处长、参议会议长、联络处等，有的又远赴北平近郊考察通讯、交通，赴太行区、冀中区参观。

4. 参加联欢活动。观察组所到之处，都受到热烈欢迎。例如，观察组到晋察冀后，晋察冀军区组织了一场一千多人的欢迎晚会，军区领导致了欢迎词，观察组成员分别讲了话。军区领导还邀请观察组成员为八路军干部作军事技术方面的演讲。圣诞节时，军区还与观察组举行联欢会，观察组成员异常兴奋，饮酒尽欢。

六、美军观察组在延安和华北敌后抗日根据地取得重大收获

首先，获得了大量有价值的情报。

观察组驻延的首要任务是收集情报特别是有关日本的军事情报。还在观察组到延之前，1946 年 6 月下旬，美军便已开始向八路军驻重庆办事处询问山东的空军降落场和海军停泊港的情况。在观察组赴延前，1944 年 7 月 18 日，在重庆的董必武便已电告毛泽东、周恩来："他们对敌情很注意"，"林、王带来的敌我形势图已给他们一份"。可见美军观察组在赴延安前，已事先得到了延安方面提供的包括"敌我形势图"在内的有关日军的情报。美军观察组一到延安，便向八路军总部开列了详细的所需情报的清单。其中 7 月 22 日包瑞德给朱德的信中所开列的情报包括：共产党军队之力量、编制、驻地及其装备，战斗序列，作战情况，共产党统治地区之介绍（附图），共产党军官之全部名单，使用共产党在敌区及敌占区情报组织之方法，轰炸目标之情报，关于美空军轰炸效果之情报，华北气象之观察与报

告，华北之道路及交通，华北敌人飞机场及其防空设备，敌人战斗序列，敌人空军战斗序列，伪军战斗序列，敌军作战情况，经济情报，海军情报。

观察组中专门研究敌情的克朗姆莱少校到延安后又专门向八路军开列了关于敌情的详细情报清单，包括所有日陆军军官的姓名、级别、驻地、单位番号、调动情况，所有日军团以上单位及其附属单位的密码番号、详细位置，日军名称密码等，并列出目前急需的情报，包括日军第一坦克师团等20多支部队的组成、位置及日期、密码代号及编码、军官姓名、募补区域等情况，Tora等14个密码的代字，还有上千个密码的代号等。他收集这些情报的目的在于掌握日本空军、陆军的力量及其位置。收集情报的方法，一是会见日军俘虏，从日俘口中获得；二是研究缴获的日军文件书籍，包括最新年份的日本陆、海、空军将校及陆军将校预备役名簿，最近年份的日本陆、海、空军将校调移与升级的通报，日本国内外陆军部队的番号、代号、代字，日军的日记、笔记本、护照、身份证、付饷簿、花名册、连队名册、组织系统表、地图、命令、医药记录、账目等；三是访问中国研究日军战斗序列之人员。

1944年8月20日，毛泽东专门向山东军区和新四军军部发去电报，要求他们收集以下日寇军事情报提供给美军观察组："青岛、烟台、连云港常泊兵舰数目及类型"；"上述各地，每日进出口船舶数目"；"连云港是否已设为潜艇根据地，经常有若干潜艇活动"；"盟机轰炸后，日军及敌后人民情绪的反映；日军之军事设备、工厂等有无向东北及朝鲜迁移状态"。这份电报，一定也是根据美军观察组开列的情报而拍发的。

1944年8月21日，陈毅向毛泽东报告说，"数日前谢维四（鲍之秘书）又来我处拜访，谈了三个小时，主要内容是两个，第一个问题，他再三问反攻时期国民党军队进入新四军地区，他们一定要打的，你们怎么办"。"此外谢还问，国民党在反攻未来前会不会坍台？国民党最近内部会不会有政变，各地方军人对我对蒋的态度等。""第二个问题，谢说此来具体商定是否用空中降落办法可到华中。"谢维四即谢伟思，是观察组的秘书兼翻译，又是政治顾问，因此，他很关心国共两党的实力消长及态度问题，为决定美国在中国抗战结束后长期和谁合作做准备。因此，关于国共两党的情报，也在美军观察组的收集范围之内。

1944 年 8 月 21 日，包瑞德致信叶剑英，又一次书面提出了更加系统、全面的情报需求。他建议成立“总管空军情报委员会”，由叶剑英、包瑞德为负责人，下设气象研究、目标情报、轰炸结果、空军地上救护、空军作战情报等小组委员会。他并附了 4 个备忘录，详列空军作战、空军地上救护、目标、气象四方面所需的情报清单。如：目标情报要求提供可供美机轰炸的有利目标，如工厂、矿山、动力厂、港口、铁道、铁轨交错点、铁道修理所、车辆集中点、飞机场、兵站、部队集中点、司令部，关于这些目标的名称、位置、空中可见的显著标志、重要性、建筑型式等，关于对这些目标轰炸所造成的结果等。气象情报要求提供山东半岛、北岳区、苏中区、晋南区、鲁西南区气象所每日早晚两次对当地可见之气象情报，如云、雨、雾、雪、视线、风向、风力、气压、温度等。空军作战情报包括日军空军根据地及飞机场（目前尤其特别需要天津、石家庄、临汾、新乡、归绥、徐州、太原、大同、张家口、开封、南苑、包头、运城等地日军机场）的位置、显著装备与自然情况、面积大小及形状等，日军各种空军单位的指挥官姓名、密码名称、密码号数、位置及其时间，机场的单、双引擎飞机数及开到、开走的飞机数，敌人对空警戒系统的位置、组织、装备的情报，敌人保护其目标的高射炮数目、口径、位置及探照灯电池电力等。

此外，包瑞德在信中还要求八路军、新四军提供平型关战斗、百团大战、皖南事变、日军对敌后根据地的大规模“扫荡”等过去的作战情况，八路军、新四军每天收到的重要情报摘要，其中特别是关于敌军调动的要情，中共控制地区及国民党控制区的重要事件，敌方的一切交通状况，八路军、新四军的无线电及电话网分布状况，中共控制区域地图及其最新变动情况，伪军分布之位置等情报。

对美军观察组需要的所有这些情报，中共中央军委和八路军总部都向各中央局负责人、各兵团参谋长等发电，要求各地指定专人，负责搜集提供。

1944 年 9 月 6 日，叶剑英又专门致电张云逸等人说：“延安美军观察组要求我军侦察下列材料：一、由上海到温州沿岸敌军防御设备，包括海岸炮台，野战工事，探照灯位置和设备，海岸瞭望设备，海上布雷情况（水雷）及路上障碍物设置(包括反坦克壕沟）。二、特别要注意杭州（尤其是杭州湾）、宁波、舟山各地敌情。三、上述情况美军方面要求能于本月号日（笔者按：即20日）以前能得到消息。”可见美军观察组又提出了对江南沿海的情报需求，并有明确的时间要求。

1944年9月7日，毛泽东电告晋西北和晋察冀，美军观察组考林上尉、琼思中尉将于最近赴晋绥和晋察冀两个根据地，“访问我军前线的情报组织，了解其活动情况，决定何种情报最为有用，调查如何适用情报人员及其范围，考察建立情报网所需之设备，作出结论呈报其上级”。

1944年10月8日，中共中央军委又电告程子华等人：“美军观察组人员七人，带小电台一架”，“定于本月6日由延安出发，经晋绥赴晋察冀”，七人中，彼德金少校“拟专门研究我军组织与装备，并收集敌军情报”。政治顾问鲁登（笔者按：即上文之卢登），“除代表第20航空队收集空军情报外，并拟考察我根据地的各项建设”。多伦上校，“收集与第20航空队有关之空军情报”。多姆克上尉，“收集海军情报”。电报要求他们对“上述各项情报材料”“立即开始准备，指定专人负责”。12月21日，程子华等人在向叶剑英报告接待此行人员的电报中说：“惠德赛（笔者按：即上文之费特塞）、德穆克（笔者按：即上文之多姆克）、杜伦（笔者按：即上文之多伦）访问我新建立之联络处，搜集到军事情报材料多种（轰炸目标详图，陆空救护站图，沿海形势图，大本清之日本特务在中国敌军行车时间表及一些缴获文件等等）。”“曾谓八路军战役情报依靠群众，无飞机，比坚信战略情报将有更大收获，并谓美国不缺飞机大炮，只感情报材料不足，尤在华北迫切与我情报合作。”12月30日，程子华等人又报告叶剑英说：“我们所供给之材料及情报，他们都异常珍贵”；“包瑞德曾来电鼓励他们说：所电告之材料已超出他们希望。”

1945年6月2日，美军观察组毕德金（笔者按：即上文之彼德金）、斯文生、斯特尔三人共同向叶剑英提出美军通信部队情报部门拟在延安和各华北敌后抗日根据地建立华北通讯网，从事情报收集。叶剑英没有同意。这是本书收录的档案中第一次出现中共对美军观察组采取不合作态度的情况。在现存的谈话记录中，叶剑英耐心地向他们解释说：“观察组来延一年，毕、斯二位始终其事”，“我们诚意合作，你们对此会同意的。现在我们很友谊的来谈谈这个问题。一年可分为赫尔利声明以前及声明以后二个时期。前一时期，我方对美军是无条件合作，虽然此时美军总部并无合作的信件给我们。以后赫尔利声明，美方对我合作的希望回答是不愿与我合作，我们此时仍然希望合作。全世界上找不到这样无条件合作的例子的”。“一年过程，已充分证明，我们是愿意与美国政府、军队、人民合作的。”“在这一年内，没有任何一个美国官方有资格人士写过一封信或谈过要求合作。”“没有一个负责军官来此谈过你们在中国的战略，以及与八路军新四军在华北华中华南合作的计划。一年努力，没有结果，你们态度是不合作的态度。”“今天你们提出华北通讯网计划，魏特梅耶（笔者按：即上文之魏德迈）指示批准进行。但是魏并无介绍信或公函给我方提出此事。按照中国办公事的习惯，这是不能接受处理的，希望你们原谅。虽然没有介绍信或公函，我仍然答应将你们提议向毛主席、总司令报告，考虑。”

叶剑英在这里，把美军观察组在延安分为前后两个时期，即赫尔利声明以前及以后两个时期。所谓赫尔利声明，指的是 1945 年 4 月 2 日美国驻华大使赫尔利在华盛顿美国国务院举行的记者招待会上发表的谈话。这一谈话公开宣布美国的军事援助只给国民党政府，攻击中国共产党和它领导的军队阻碍了中国的统一。这意味着美国公开采取了不与中共合作的立场。因此，中共也作出了强烈反应，随即改变了以往单方面向美军提供合作的办法，冻结了美军在华北建立情报网的要求。此外，还冻结了美军关于在华北敌后根据地建立机场，派人到山东降落，在敌后增加地上救护及气象工作人员，在晋绥增加气象台等一系列计划。

其实，还在赫尔利 4 月 2 日公开发表谈话之前，这位美国执行在华扶蒋反共政策的急先锋，就与中共及美军观察组产生了不少矛盾。例如：1944 年 12 月 8 日，周恩来致信赫尔利称：“我们为答复各方询问，拟早日公布五条提案，希望促起舆论注意，督促政府改变态度。”所谓“五条提案”，是此前赫尔利到延安与中共会谈中联合签署的中共给国民党政府的五条最低限度提案，赫尔利到重庆提交国民党后，遭到蒋介石全面拒绝。为促使社会舆论督促政府改变态度，周恩来致信赫尔利：“拟早日公布五条提案”。据 1944 年 12 月 11 日王若飞给毛泽东等的电报称：赫尔利把中共“拟早日公布”即准备尽快公布误解为中共已经公布了五条提案，“非常气愤”。后经毛泽东给王若飞去电解释并转告赫尔利后，12 月 15 日王电告毛等说：“赫尔利前日误会毛已将协定全部发表，现在完全释然了。”又例如，1944 年 12 月 28 日周恩来致赫尔利信说：“包瑞德上校来延，获悉阁下对于毛泽东 12 月 22 日致阁下之电，因电文弄错，致发生误会，甚为遗憾。”可见，前一误会刚“释然”没几天，又产生了一个新的误会。赫尔利与中共之间的矛盾真可谓是一波刚平，一波又起。至于赫尔利与美军观察组的矛盾，比书所收档案中也有所反映，如：1945 年 4 月 10 日八路军驻重庆办事处给中央的电报中说：谢伟思“八日晨，已飞回华盛顿”。“此间美人方面都认为谢是被赫尔利赶掉的。”另据其他史料反映，由于赫尔利的反对，美军观察组组长包瑞德不仅被取消了晋升准将的提名，而且还被免去了组长职务。

由以上档案可以看出，从 1944 年 7 月美军观察组到延安一直到 1945 年 4 月赫尔利发表声明这段时间里，中共对美军观察组的所有计划和要求都是积极配合并给予满足的，美军观察组是实际上得到了中共提供的大量关于日军的海陆空各项重要情报的，这些情报中有些甚至超出美军的预料，比他们从国民党那里和其它渠道得到的更为宝贵。

其次，洽谈了一系列军事合作。

美军观察组到延安后不久，就向正在帮助八路军开展电讯工作的英国专家林迈可提出，要其提供改进共产党地区电讯交通所需无线电器材清单，准备将来美方可以援助中共军队时使用。1944 年 8 月 2 日，林迈可应美方要求制作出了一个拟给美方的通讯装备需要清单，他给周恩来致函说明：“自始至终都是美方要求这些清单的，他们并且提出多种我从未想开列上去的东西。例如他们曾提出开上几架打字机供新华社抄录新闻之用”。包瑞德也专门致函周恩来，说明林迈可的清单“纯系应吾人之请而制者”。

1944 年 9 月 1 日，周恩来在中共六届七中全会主席团会议上汇报美军观察组活动情况时说：“他们有几个问题向上级请示。①到华中建立飞机场，他们对华中急于华北。②是否给我们一部分东西训练。”可见美军观察组到延安后不久，就提出了到华中建立飞机场和给八路军一部分军事装备并开展训练的军事合作计划。

1944 年 12 月 21 日晋察冀军区负责人程子华等人在向叶剑英报告美军观察组活动情况时说道：“最近，毕德坚与路登亲访我会谈，提出假设问题甚多。中心问题，系如明年初，美军于山东等地登陆时，晋察冀是否有力量将各铁路切断，多长时间能修复。”是则美军观察组也希望未来在美军登陆中国山东等沿海地区时，能得到中共军队的配合，如切断有关铁路等交通线。

1944 年 9 月 7 日，毛泽东电告晋西北、晋察冀军区，美军观察组考林、琼思二人最近将赴晋绥和晋察冀，任务包括：“了解该两区爆破工作实施之范围，调查该两区爆破工作之可能性与爆破目标……收集一切必需之情报，以便能提出在晋绥及晋察冀特种作战（如爆破、游击战争、情报）之可能性的报告。”“携带部分爆破器材准备在晋绥边区表演”，“以查明何种爆破器材最适合于我军之用”。可见美军观察组也做了一些关于特种作战的准备。

1944 年 12 月 16 日，受美国中国战区总司令魏德迈的派遣，包瑞德曾专门向朱德、叶剑英提出：“我们想派一个特种部队，到你们共产党区域活动，他的任务有四：a. 地上破坏（铁路、交通、工厂）；b. 进行各种爆破；c. 对日军的袭击；d. 布置降落伞兵。”“这种特种部队需要八路军派部队与他们共同合作。这种被派出去同美国合作的部队，会得到美国的装备。”“为了这一特种部队的活动，B-24 号飞机会附属在该部队下活动，变成该部队组成部分，飞机投掷东西、降落需要的无线电，都由美国供给。开头是一个小队伍，以后就会增多个数，所需供应的更大，因此，除空中运输外，应考虑海上运输，我们用潜艇运，你们用木船接。”但由于担心在战略反攻前这样做会提前暴露战略目标，后双方商定在美军登陆前，只由美军指导共产党军队进行战术破坏，同时做登陆前的准备，如训练爆破人才、制定航空路线图、布置机场、进行空中投掷的试验、研究目标、制定破坏计划等。

第三，为救护美军飞行员进行了相关的协调联络工作。

1944年8月上旬，美军观察组成员、陆空救护小组的惠特塞（笔者按：即费特塞）中尉与叶剑英谈了美陆空救护小组的主要任务和希望中共军队需要配合的要求和建议，随后，包瑞德又专门向叶剑英写了一个书面的材料，详细罗列了他们的要求，包括陆空小组与中共军队的联络，中共控制的各根据地的地图，救护工作的实施步骤，美飞行员随身携带的物品，如何辨认八路军、新四军、游击队、伪军、日军等。八路军、新四军后来曾在救护美军飞行员方面给予了积极配合，不少敌后抗日根据地都救护了一些美军飞行员。这是美军观察组到延安后的又一重要成果。

另外，美军观察组到延安后，还与一些在敌后抗日根据地获救的美军飞行员联络，帮助他们前往安全地区。比如，1944年9月，美空军中校萨伏衣等5名美军飞行员在新四军控制下的淮南根据地被救，包瑞德就向美军飞行员发了一份电报，告诉他们“特请新四军护送汝等至国民党军队的区域，需遵守现所在地军事当局的指挥”。9月28日，这封电报由叶剑英发给新四军淮南部队领导人赖传珠，由其转交给美军飞行员。10月9日，萨伏衣经过新四军发一电报给叶剑英，请叶将一电报转给延安美军观察组，电报称：“我们已安抵新四军淮南津浦路西地区，但新四军与中央军关于护送我们归队之谈判，尚无结果（新四军已送两信给五路军，至今十天尚无回信）。请你设法通知五路军一七一师，迅速帮助我们平安返回基地。”10月17日，新四军又向叶剑英发去萨伏衣等5人给美军观察组的一份电报，称：“我们今天（14日）离新四军津浦路西地区至五路军，特致最后一电予你，请通知二十航空队指挥员。”从这一案例的来往电报中可知，美军观察组在救护美军飞行员的过程中，起着与中共军队、国民党军队、美国驻中国军队三方面联络、指挥、协调的作用。

第四，为有关盟国开展国际联络提供了中转。

比如，档案中有 1944 年 10 月上海法国戴高乐派远东领事请美军驻延安观察组转给法国驻中国大使的一份电报。这份电报由新四军政治部发给延安中共中央军委政治部，由其转给美军观察组，请求美军观察组将电报稿内容转达法国驻重庆的大使馆。当时法国驻远东的四名代表驻在地上海在日军控制下，他们的电报表达了对戴高乐政府的效命，报告了上海法国武装的情况，请示今后如何应付日寇及在盟国反攻上海时如何配合。这说明美军观察组驻延安，实际上也充当了为有关盟国进行国际联系的中转站。

七、美军观察组对毛泽东、中国共产党、中共领导的军队和根据地，都留下很好的印象，给予客观的高度评价

1944 年 7 月 15 日董必武向毛泽东、周恩来报告说："美考察团头一批 9 人，定 20 日飞延安，业已经过政府通知我们，由包武官率领。""包武官说：'我感觉此次任务很重大，要做到**与中国新力量合作**，如做不好，此生完了。'"此处的包武官，即后来担任美军观察组领队也叫组长的包瑞德，因他时任美国驻华使馆武官。可见，还在赴延安前，美军观察组的领导人包瑞德，就把中国共产党及其领导的军队和人民，看作是中国的"新力量"，把到中共中央驻地延安考察，看作是"与中国新力量合作"。"中国新力量"这一美军观察组对中国共产党及其领导的军队和人民的评价，在当时的国际政治家的评价中，不但是非常新颖的评价，而且是相当前卫、极其正确的评价。

观察组到延安后，八路军接待人员无一人主动提及希望得到美方援助事。这给美军观察组留下极佳之印象。1944 年 8 月 2 日，包瑞德在关于林迈可所提无线电器材清单给周恩来的信中，特意说明："观察组一切组员悉知贵方人员无一人曾向

我方要求任何物品，此点予我人以极佳之印象。”

1944年8月10日，新四军军长陈毅在给美军观察组介绍新四军发动群众参加抗日的情况时说：“经验告诉我们，最初要老百姓去打仗他是很害怕的。国民党就是用捆绑的办法绑着老百姓去，这样愈捆就愈跑。我们的方法则完全相反，我们采取民主动员的方法，完全根据人民要保家自卫的热情，给以军事训练，在本乡本土逐渐参加小的战斗，每一次都使人民感觉打仗并不足怕，而且常常获胜，使他们情绪提高(切忌胡乱使用人民去打硬仗，碰硬钉子，乱碰一通，第二次就难于动员了)，顾及群众心理、能力、情绪和他们的切身利益，给以必要训练和多多尝试的机会，这就使人民从战斗中学会了。这样办法正如画一张名画一样，一点不能粗糙从事的”。听到这里，包瑞德高兴地赞扬说：“这个办法好得很！”

1944年9月1日，在中共六届七中全会主席团会议上，周恩来向主席团报告美军观察组来延后的情况说：“他们的确写了些报告上去。他们观察，日益觉得我们行。他们有些话也同我们讲了。”叶剑英报告说：观察组“到南泥湾后，主要看部队，今日写信给我说部队活力很强，上下级友爱关系，运动力很活，稍微内行的军事官即可看到你们的长处”。“他的结论说能战。”“南泥湾的生产是很佩服的。”

1944年10月22日，美军观察组成员谢伟思（笔者按：即档案中的塞维斯）给毛泽东写了一封信，说：“我曾告诉我的上级：**你所领导的人们是中国的希望**，也合于美国在世界的这一块地方的利益。”谢伟思是美军观察组的核心人员，他把毛泽东及其领导下的党、军队和人民，看作是“中国的希望”，这是一个极其正确的评价，这一评价至今已一次又一次地反复得到证实。

1944年11月18日，魏德迈将军在新到中国就职后，专门给朱德写有一信，除对八路军“所予美军观察组在延工作中之热烈帮助”表示感谢外，并称赞说：“抗战以来，阁下之杰出的统率能力及贵军之优越战斗品质，余已早有所闻。”魏的见闻，应是得自美军观察组的报告。

1944年12月11日，王若飞在给毛泽东等人的电报中报告说：包瑞德对重庆八路军办事处人员再三声明说：“我们要求都是合理的，他尝给华盛顿的二十几项报告中，有十几项是说我们好的，他不赞成美国再支蒋的反动政策。”“我过去曾因辩中共与苏联无直接关系，而被中国政府要人笑为傻瓜。”包瑞德还为中共鸣不平说：“今天美与中共的合作，只有你们助美，而你们未有获美的帮助，是不平等的。”

1944 年 12 月 21 日，晋察冀军区负责人程子华等人在给叶剑英的电报中，报告了到晋察冀根据地深入进行各方面考察后美军观察组一些人的观感或认识，其中说：毕德坚、路登等人实地参观后，“由事实证明，我军虽处敌后，而能自足自给。毕等尝对国民党依靠外援，腐败无能，流露愤慨不止。我军所见，到处新颖，拍有照片多幅，并赠以我军数年来战斗照片，极欣喜”。“路登（笔者按：即上文之卢登）曾单独访问政府主任、各处长、参议会议长，对财政、民政部门尤为注意，再告土地政策、税收政策及财政收支情形，以为异常珍贵。”“又赠以人民武装经验总结性之材料数种，极为欣赏，谓**河南、湖南、广西如曾开展人民武装斗争，绝不致如此溃败**。”这里所说的河南、湖南、广西的溃败，指的是 1944 年国民党军队在豫湘桂战役中一触即溃、丧师失地的可耻失败，认为其原因在于没能“开展人民武装斗争”。可见美军观察组非常重视敌后根据地的人民战争对抗日战争的作用。这一认识是非常正确的，它得到很多的事实验证。比如：在中国的抗日战争中，中国共产党正是靠着广泛的游击战，靠着人民战争，靠着全面抗战，才能天天袭扰日军，使其不得安宁，陷入泥潭，从而把抗战坚持到胜利。又比如：在 21 世纪的阿富汗战争、伊拉克战争中，大量造成美军伤亡并最终让美军铩羽而归的，并不是哪次正规作战或著名战役，而是那些经常不断的路边炸弹等游击战、麻雀战。70 年前美军观察组对人民战争重要作用的认识，对于我们今天正确地认识中国共产党倡导并坚持的人民战争在抗日战争中的重要地位，并进而正确地认识中国共产党及其领导的军队和人民在抗日战争中的中流砥柱作用，提供了新的视角和新的论证，具有重大的启示意义和认识价值，值得那些至今还轻视人民战争、轻视游击战、轻视中共领导的军队和人民在抗战中的中流砥柱作用的人们，好好品味，深长思之。

电报还说："数周来，观察组在此工作，均甚积极热情，政治情绪与日俱增。个别人，如毕德坚，思想保守，对我了解不够，经实地考查，深入下层，目睹工厂制造，铁路沿线活动，精神大为振作。主动提出对我物资援助问题，并要求告以需要数字。""观察组路登，乃该组政治头脑，对我了解比较深刻。曾言：非仅愿与我抗战中团结，且愿战后与我继续合作。惠特赛、德穆克、葛瑞斯，青年热情，谈话亲切，常以共产党中国，与国民党中国为对比。""彼等无一对蒋介石抱有希望者。""彼等对国共关系，异常关心。""尝谓：**救中国，非共产党之力量不可。**纵对共产主义曾有非议，而对共产党之所作所为，钦佩至极。"这里，"救中国，非共产党之力量不可"，其英语原意也可翻译成"**只有共产党，才能救中国**"。70多年前，美军观察组的这一认识、这一判断、这一结论，已经被70多年来中国的历史发展进程一再证实为并还将在今后继续被证实为是科学的、正确的，是颠扑不破的真理。可惜，直到今天，仍然有人怀疑共产党能够救中国，其认识水平和判断能力比之美军观察组成员们，不知差了多少里，落后了多少年。今天，我们把这件档案公布出来，把美军观察组的这一结论公之于世，那些怀疑论者，应该会感到难堪、有所反思、有所改进吧！

电报说到美军观察组对根据地的接待与招待很满意，说："对彼等生活招待，一般均感很好。深知敌后困难，皆无过高要求。美飞行员在此安全降落，一路慰劳招待。抵军区，又加物资补充修理。观察组常以消耗我过多为歉。在此居住时，曾邀飞行员及观察组，对我干部作技术常识讲演，均皆热情，准备详细报告。"

电报还说："总观**对我印象，皆极良好。我之艰苦奋斗，自力更生，军民一致，官兵平等，所完成者多，所用者少，无不钦佩赞扬。**"这里所列的几条，都是观察组从共产党领导的根据地所看到的，与他们从前在国民党领导的正面战场和国民党统治区所看到的是完全不一样的，是最能够打动他们、令他们印象深刻的东西，而这些又都是他们认为是进步的、正确的东西，是取得成功的重要条件，因此他们才会从同国民党的比较中认为：**只有共产党，才能救中国。**

1944 年 12 月 30 日，程子华等人又向叶剑英电报了美军观察组对我的印象，其中说：“他们过去不了解我之民主政治，个别不同意我之共产主义（如毕德坚），但在此参观后他说：对你们的主义虽有不同意见，而你们所做的一切我非常同意，且赞美。路登说：**你们的民主政治**虽还只是开始，而所走方向是正确的。虽非完全人民自己管理，而即**是真正为了人民**。”可见美军观察组依据在根据地看到的事实，对共产党为人民服务的宗旨和做法，对共产党在自己领导的根据地所进行的民主政治建设，他们是从内心赞成的，认为中国共产党是真正为了人民的，代表了中国先进的政治方向，是正确的。

美军观察组不但对共产党留下很好印象，而且还多次提议以各种形式援助共产党。如程子华 12 月 21 日电报称：毕德坚与路登二人访他时，曾问“山东至晋察冀，运输交通如何。设美国军火援助，将可能自海上以潜艇(每个等于 50 架飞机运输力)，运至山东，不采缅甸路线”。可见美军观察组曾有过由美军向中共军队援助军火的计划，这些军火将不经缅甸运到中国，而由潜艇运抵山东沿海，再转运到华北各抗日根据地。12 月 31 日程子华电报又称：“临行前，他们正式告诉我们，回美国后不久他们即将重来。毕德坚谓，将携一批军官来帮助军事。路登谓，将来此建立大使馆办事处，他说在华北建立使馆或领事馆都表困难，但建立大使馆办事处有可能，并说他曾建议在河北、山东及苏北都建立办事处，未得答复。”又可见美军观察组还曾有过由美军官到华北敌后抗日根据地帮助军事、在华北建立美国驻中国大使馆办事处等一系列与中共合作的建议或计划。

1945 年 3 月 12 日，谢伟思重回延安后，给毛泽东写了一封热情洋溢的短信，信中说：“我很高兴回到延安，这里有这样多的朋友，好象是回到了家。”“希望以后能每隔一个时期到延安来一次。”可见谢伟思对延安充满了好感，认为在延安有很多朋友。延安是中共中央的所在地，是中共领导的军队和敌后各抗日根据地的指挥中心，对延安的好感，就是对中共及其领导的军队和人民的好感，这种友善的好感，中国人民是极为珍惜并将永志不忘的。本书把这封短信收录其中，也是把美军观察组对中共及其领导的根据地和人民这种友善的好感，铭记于此，传之后世。

谢伟思在短信中还希望能拜会毛泽东，“让我拜会你，听到你对时局的意见。这对我个人是一种快乐，对于美国国务部也极为有利”。可见谢伟思对毛泽东也是很敬佩的，认为毛泽东对时局的分析，不但对他本人有利，而且对美国有利。毛泽东是一位深谋远虑的政治家，谢伟思也是（尽管没有任过高层领导，但他很有政治远见）。所以谢伟思对毛泽东是“英雄相敬”。

八、在抗日战争后期，美国和中国共产党有过一系列抗日合作

从本书所收档案中可知，在抗日战争后期，除了美军观察组到延安以外，美国方面和中国共产党方面还有过一些其他的接触和合作。

比如：本书附收之 1944 年 8 月 15 日新四军五师领导人李先念、任质斌、陈少敏给毛泽东等人的电报称：“美国十四航空队陈纳德将军，正式派了炮兵少校欧高士，偕亲随得胜，带有 15 瓦报话两用机，已于 14 日达五师部。据初步谈话称，其来五师，任务有三：（一）商谈以汉口、上海、广州为中心，建立无线电通讯网。在目前，主要是建立汉口附近之无线电网。其办法，在师部设总站，边区通敌据铁路设若干分站，总站与樊城联络。（二）要求我们供给敌军情报。凡有电台站，均设专人一人，专门接收译发我之情报，俾能随时与轰炸敌人后方补给线联络。（三）初步磋商在中国沿海各地，美国海陆军登陆，新四军与美军的协同配合作战问题。他表示可以帮助我们资材，看我们怎样帮助他们。”“他们表示，中国内部问题不过问，他们此来亦无中国政府介绍信，仅陈纳德亲笔信。闲谈中，欧称：最近美军即拟在菲岛登陆后，即在中国海岸登陆。”“如果与我们谈好，将派大批工作人员来五师。来时路线有两个：一空中降落，一系经老河口。因此，希望我们能找一个小型降落点。”“欧所提问题，关系华中华南我党部队与美军合作，事件甚大，如要与之商谈，祈电到后即商复。”8 月 21 日，毛泽东电复李先念等人：“陈纳德派往你处之美空军人员，事前未曾通知渝办，即在延之美军观察组亦不知，恐系美

空军因救湘事急，欲对武汉有所侦察和行动，而陈纳德与史迪威之间也不甚协调，故取得国民党同意后，即径自派人联络。你们可将美军观察组到延安事告之。”“可告欧高士少校，彼所提三项问题，已得延安批准，均可合作办理：第一，可先在五师范围设无线电网，将来再在长江下游及广州附近设置，惟均须得到延安批准；第二，可供给敌军情报；第三，美海陆军登陆时协同作战问题，我们正与驻延美军观察组人员协商，准备一切。”

由此可见，1944 年 8 月，美国第十四航空队的陈纳德将军，也派了炮兵少校欧高士等 2 人，前往新四军五师联系，商谈先在华中、再在华南建立无线电通信网，提供关于日军的有关情报，美军在中国沿海登陆后与新四军的协同配合作战等问题。新四军按照中共中央的指示与之进行了合作。

再如：1944 年 9 月 1 日，周恩来在中共六届七中全会主席团会议上汇报说：最近除美军观察组人员外，美国驻华大使馆的新闻处处长也到了延安。“此次来二个任务，一是战时宣传，二则对敌宣传。”“并收我们广播。他与旧金山有联系，来后同冈野进谈了两次，他研究日军、联络等问题，研究对敌宣传。”可见 1944 年 8 月间，美国驻华使馆也派人到了延安，与中国共产党开展对敌宣传方面的合作。

又如：本书所收的 1945 年 1 月 5 日美国印缅战区空军总部斯彻特梅耶关于感谢协助美国空军气象工作给朱德的电报中说：“第十气象区区监察官爱尔斯渥斯上校最近访延归来，曾向余报告，华北政府在气象上之优异工作及对吾人共同战争之显著贡献。”“爱上校认为，贵政府及第十气象队人员共同开办之气象学校所训练人员，使本空军之气象工作效率大为增加。”“余获悉华北政府之救援部门，曾使远离基地之许多我方失事航空人员获救生还，深堪感激。”从这份电报可知，美国中国战区之第十气象队曾在延安与中国共产党共同开办了一所气象学校，并培训出了学员，使美“空军之气象工作效率大为增加”；第十气象区的美军监察官爱尔斯渥斯上校并曾于 1944 年底访问延安；华北各敌后抗日根据地曾经救护了不少美军失事飞行员。

对延安与美军第十气象队的合作和华北人民给予美军失事飞行员的救护，魏德迈也曾在 1945 年 1 月 13 日专门致电朱德，表示感谢。

又如，1945 年 6 月 2 日，美军观察组些德金中校、斯文生少校、斯特尔上尉三人曾面见叶剑英，提出了拟在延安设一侦察电台、派 3 名美军去太行和晋察冀收集情报、派一气象人员去晋绥测量风云、从八路军得到有关日军死伤的统计、利用延安机场起降 2 架美军飞机以及在华北建美军通信网、在各根据地设立电台等合作抗日的军事计划。他们强调，愈快开展这些合作，是为了“愈早**打败日本，到东京去吃茶去**”。“到东京吃茶去”，可以看作是美军对中共军队合作抗日、共同早日打到东京去、消灭日本法西斯的邀请，幽默诙谐、通俗形象地表达出了中共与美国合作抗日的大目标，也俏皮而浪漫地表达出了美军与中共军队直捣日本法西斯老巢东京、然后在东京吃茶的万丈豪情与凌云壮志，堪称中美合作抗日的代表性、经典型名言。

还如，本书收录的 1945 年 8 月 17 日叶顿参谋团为办理被日本俘虏之美方人员给叶剑英的电报中说：“随着日本的正式投降，美国政府将切望加速办理前被日本俘虏或拘留之盟国人员返国，因此，我们应提供下列计划，请十八集团军参谋部考虑：A. 派遣医药、管理人员，每队不超出 6 个人，到现在已知或将来发现之在满洲、朝鲜、海南岛以及解放区贵军控制下的城市：北平、潍县、天津、上海、香港与广州之俘虏营与拘留营。B. 该队目的将专门为照顾俘虏及被拘留者，向中国战区美军总部报告他们的情况，并加速布置遣送他们各回国事宜。所用的人员大多将是美军人员，他们的工作将完全是慈善的，与军事的或政治的活动无关。”可见，日本宣布投降后，美军叶顿参谋团也曾向八路军总部提出拟派人到共产党军队控制下的北平、潍县、天津、上海、香港、广州等城市的日军俘虏营或拘留营，照顾俘虏或被拘者，并加速办理其回国事宜的合作计划。

从以上这些档案看，在 1944 年至 1945 年期间，为了共同打败日本法西斯，美国和中国共产党曾经开展了一系列卓有成效的合作，互相支持，共同抗日，为世界反法西斯事业共同作出了贡献。今天，在纪念中国抗日战争暨世界反法西斯战争胜利70周年的时候，我们不能忘记70多年前美军与中共军队合作抗日的这些过往，不能忘记当年美军曾与中共军队同是合作抗击日军的盟军这一事实，不能忘记当年中美军队合作抗日的桩桩成果及对抗日胜利、对反法西斯战争胜利所作出的不朽贡献，不能忘记当年冒着被日寇抓获的危险、挺身敌后与中共合作的美军观察组的中国“战友们”。让我们记住这18名中国战友的名字：组长包瑞德上校，秘书兼翻译谢伟思，医官凯斯堡少校，步兵军官克朗姆莱少校，通讯军官多姆克上尉，步兵军官考林上尉，空军军官斯特尔上尉，步兵军官费特塞中尉，步兵雷姆尼上士，秘书兼翻译卢登，空军军官佛斯中校，步兵军官彼德金少校，空军军官多尔少校，步兵军官杜伦上尉，海军军官西区上尉，空军军官琼斯（笔者按：即上文琼思）中尉，步兵葛尼斯军士，步兵中村军士。

九、中国共产党领导的军队在抗日战争中发挥了重要作用，付出了巨大牺牲

1944年8月6日至10日，彭德怀和陈毅分别向美军观察组介绍了八路军、新四军从全国抗战开始后到当时的抗战历程和战果。

彭德怀在介绍中说：“目前，我八路军共有兵力32万人，经常抗击着敌人侵华兵力的五分之二至五分之三（伪军30余万还不在内），最多时，曾钳制敌人22个师团。

“七年中，我们和敌人进行了大小战斗74060次，平均每天与敌作战29次；共毙伤敌军351113人，伪军239952人，俘日军2407人，伪军148726人，争取日军投诚者115人，伪军反正者49461人，约等于已消灭侵华日军之半数和全国伪军之半数；缴获长短枪189028支，轻重机枪3120挺，各种口径炮489门，我们主要就依靠这些战利品来武装和补充自己。七年的艰苦战斗，我们也支付了巨大的代价，我负伤指战员186593人，阵亡103186人，敌伪与我伤亡的比例总平均为二与一。

“经过七年的艰苦斗争，我们在华北敌后，巩固地建立了五大块抗日民主根据

地……抗日民主政府统治下的人民达5000多万……不脱离生产的民兵有158万……我们自信有力量担任华北战场上的反攻。”

“日寇也很知道自己是站在一座火山上，认识到‘**真正的抗日势力始终一贯的是中国共产党**’，并且一再的哀号：‘华北有八路军存在，便无法安枕。’”

“我们实行民主，坚决依靠人民，一切为人民的利益着想，发动与武装人民参战，使战争成为全民战争，这使我们的抗日力量增强到千百倍。这就是八路军所以能屹然独存于敌后、制胜敌人的秘诀。”

陈毅在介绍中向美军观察组提供了一份《新四军七年来战绩统计表》，其中表明，新四军七年来在华中经历大小战斗17534次，毙伤敌伪军241750人，俘虏敌伪军34415人，敌伪军投诚反正34066人。缴获长短枪124459支，缴获轻重机枪2651挺，缴获各种炮100门。负伤指战员64920人，阵亡指战员44868人。

陈毅向观察组介绍说：新四军建立的华中根据地的“人民总数有3000万”，“穿着军服的正规军，有18万。民兵是着老百姓衣服进行生产有战斗时参加战斗的，共有55万人”。

“新四军在敌后18万军队所抗击的敌军，正是国民党一、三、五、六、九战区及苏鲁战区（共有100万人以上队伍）所共同抗击的敌军。”

这些观察组第一次听说，以前完全被国民党政府所屏蔽、掩盖了的事实，对美军观察组的震动是巨大的，共产党掌握的军队与民兵数量之多，对日作战次数之多，对日军牵制力量之大，条件之艰苦，作战之顽强，伤亡之巨大等，都让他们对中国共产党及其军队刮目相看，充满敬意。他们知道，同共产党合作抗日，就是同中国50万坚定的抗日生力军合作抗日，就是同在敌后长期坚持抗战、天天打击日均的8000多万根据地人民合作抗日，就是同中国民主进步的新生力量合作抗日。

这些事实，不但在当时，对国民党散布的八路军、新四军“游而不击”的谣言，是一个揭露，而且在今天，对一些仍然相信甚至还在宣传八路军、新四军“游而不击”观点的人，仍然是一打击。试想，如果八路军、新四军真的在抗日战争中“游而不击”，不打日伪，那么，堂堂美军为何要主动派人与八路军、新四军合作抗日呢？八路军、新四军七年中的那么多次大小战斗是谁打的呢？那么多的日军、伪军是谁打死、打伤、俘虏、反正的呢？那么多的日伪枪炮弹药是从何缴获的呢？八路军、新四军那么多的指战员伤亡是如何造成的呢？日本人又怎么会痛切地感受到“华北有八路军存在，便无法安枕”，痛感“真正的抗日势力始终一贯的是中国共产党”呢？事实是，中国共产党领导的八路军、新四军，始终坚持全面抗战、持久抗战，充分发动人民群众，开展人民战争，在华北、华中、华南广大的日本占领区，在敌人的后方，大打游击战、地雷战、地道战、破袭战、麻雀战、夜袭战等，全面地、一天也不间断地袭扰日军，从而牢牢地牵制了大量的日军，把大量日军死死咬住，拖在占领区，难以抽出更多兵力投放到中国正面战场以及亚洲太平洋战场、欧洲战场，为中国抗日战争和世界反法西斯战争的最后胜利发挥了重要作用，付出了巨大牺牲，他们的抗日业绩是任他谁人也抹煞不了、任到何时也磨灭不了的！

1945年6月2日，在赫尔利公开声明不与中国共产党合作后，叶剑英在与美军观察组毕德金、斯文生及斯特尔的谈话中，说了这样一段铿锵有力、掷地有声的话：“**我们近百万军队，合作抗日，可以缩短战争，减少你们美国人命牺牲。没有外围帮助，我们一千年也打下去，也要打胜，十年二十年三十年，我们一定打下去。**”这段话，道出了一个真谛：中国共产党军队的抗日，中国军队的抗日，中美两国军队的合作抗日，可以缩短日本发动的对中国、对亚洲太平洋、对美国的侵略战争，减少美国人的生命牺牲，与美国的利益密切相关，与美国人民的生命紧紧相连。这段话，说了出了中国共产党即使没有外界帮助也誓死抗日到底，“一千年也打下去”，“一定打下去”的坚强抗日决心，和“要打胜”的必胜信念。中国共产党的这种抗日决心和必胜信念，从抗日战争爆发起，就从来没有动摇过。这种决心和信念，在抗日战争那种敌强我弱的条件下，比枪比炮比军队更重要，因为它所凝聚起的民心、民气和民力，是一道永远冲不垮的精神长城，是天下无敌的。中国共产党之所以成为抗日战争的中流砥柱，这是最重要的表现之一。

由于种种原因，美军观察组与中共的合作计划不少后来没有得到实现，甚至这一事件本身在当时和过后也很少有人知道，特别是关于这一事件的中国方面档案以及其中的许多名言、重要结论、重要史实，更无人知晓。今天，70多年过去了，当我们重见这些档案时，我们不得不佩服美军观察组成员对中国情况观察之深入、细致，分析之敏锐、深刻、独到、准确，见识之超群、远大，不得不对这一事件在中美合作抗日、在中国抗日战争暨世界反法西斯战争中的作用、地位、意义作重新的审视，不得不对中国共产党及其领导的人民战争在中国抗日战争暨世界法西斯战争中的作用与地位作更深入的认识。这就是我们今天公布这批档案、揭露这些秘密的意义所在，也是我写作这篇序文的目的所在。

整理说明

一、本书所收79件档案及其附件，均为1944年至1946年中国共产党接待美军观察组来延安及抗日根据地的原始档案，藏于中央档案馆，现按照原件影印，未加删节。

二、为方便读者阅读使用，对各件影印档案的正文及重要批示，均重新排印文字，并新拟标题。排印文字中，原件的繁体字、异体字皆改为规范简体字，错字用〔 〕符号改正，漏字用< >符号补添，衍字用［ ］符号删除，辨认不清的字用□符号代替，一些标点符号，按照现在的规范用法进行规范。

三、为帮助外国读者阅读方便，本书对档案内容原无英文者，特请新华社著名翻译家金绍卿先生译成英文。

四、本书所收档案，均按形成时间先后排序。只有年份、月份而没有具体日期的，排在当月末。

五、档案中的韵目代日和地支代月、代时，未一一注释，而在书末附韵目代日和地支代月、代时表，以备读者查考。

中央档案馆

二〇一五年七月

费尔利斯与林伯渠关于美军观察组来延的来往信件

1944 年 6 月 23、24 日

关于观察组来延问题

（毛泽东批示：这是伯渠交来的，请尚昆保存。）

—复—

发文人：林祖涵（未署名）

发文日期：1944.6.24

收文人：驻重庆美国陆军总部费尔利斯准将、代理参谋长

信中大致内容：

六月廿三日来信收悉。第十八集团军和我本人欢迎由你们国家军事委员会总部差遣美国官员来延观察和收集有关我方作战和日占地区的军事情报。我向你保证，十八集团军会给你们充分的合作，并允许你们工作上和行动上的自由，及通信联络的自由。总之，我可以指示十八集团军协助你们任何活动的计划，以便迅速打败我们共同的敌人日寇。

—来函—

作者：驻重庆美国陆军总部 B.G 费尔利斯陆军准将、代理参谋长

发文日期：1944.6.23

收文人：林祖涵

内容摘要：费尔利斯致林祖涵的信。

美国陆军总部获得国民政府准许，将派遣美国官员组成的观察组去中国北部延安及十八集团军作战地带及日占地区进行调查访问。美国总部要求给他们自由旅行、观察，允许他们直接与其总部用无线电通信联络，在调查访问期间给予协助。关于此事，希及早答复。

八路军重庆办事处转6月23日费尔利斯关于派遣军官前往华北各地考察致毛泽东的函

1944年6月26日

美方来函

毛主席：

美国驻中、印、缅陆军总部副参谋长费里峯（笔者按：即菲尔利斯）六月二十三日函称：美国陆军已得到国民政府允许，派遣军官前往华北各地考察，在该区域内搜集关于日人情报的工作是否可能实现，因该区域包括延安及十八集团军行动的地方。我们希望你以十八集团军指挥当局的名义，给予我们合作和帮助，在十八集团军行动的地方，我们的军官自由与当地军事指挥者商量，并尊重其愿望。但我们希望十八集团军当局能允许我们军官去工作所需要的地方的自由，调查及搜集关于日人情报的自由，和用无线电台与美国陆军直接联络的自由。我们派去的人，是作一个考察团性质，是在中国军委会指导底下的。因事关重要，请早予赐复为盼。

六月二十六日

（毛泽东批示：抄弼、刘、康、周、彭、朱、叶、伯承、聂、陈、真、洛、明、博、高、贺）

林伯渠关于欢迎美军事人员赴延致中央电

1944 年 6 月 26 日

欢迎美军事人员赴延

我于二十四日复函云：我们代表十八集团军指挥部，欢迎贵总部在军委会指导下所派遣之美国军官到十八集团军行动地区来调查及搜集关于日人情报，我保证他们将得到十八集团军的合作并会给予行动、工作及用无线电台直接联络的自由，最后我可以说，十八集团军将很高兴和一切为加速打败我们共同敌人日本的活动合作等语。估计上述考查团下月赴延考查。

伯渠 六月二十六日

（毛泽东批示：抄弼、刘、康、周、彭、朱、叶）

毛泽东关于请代欢迎美军事人员来延给林伯渠、董必武的电报

1944年6月28日

重庆十八集团军办事处林伯渠同志:

林董: 美军事人员来延, 请你们代表我及朱、周表示欢迎, 飞机场即日开始准备, 来延日期请先告。

毛泽东 巳俭

附:

林伯渠、董必武关于美军事人员准备十日后赴延给毛泽东的电报(1944年6月)

美军事人员准备十日后赴延

毛主席:

关于美国派军事人员赴延事, 现已得蒋允许, 准备十天后即可飞延, 人数约十人, 负责者为包武官(能说中国话, 恩来同志认识)

事情的经过是这样的:

(一)罗斯福过去曾三次电蒋要求, 均遭蒋拒绝。

(二)这次华莱士来渝, 文生德、台维士、谢尔维士等临时主张再由罗斯福向蒋要求, 罗斯福在四小时内立即回电同意, 华莱士立率美方有关人员全体见蒋, 正式提出罗的电报, 蒋略为踌躇, 最后即表示: 只要共产党方面允许, 你们可以派

人前去，仍须军事委员会给名义，可直接同何应钦商量。

（三）双方应如何具体配合行动，直接到延安商量。

（四）谢等次日见何。何问有何需要帮助的？谢等说：只请允许走到的，人力帮助全不需要，何也完全同意。

（五）他们走时所乘飞机很大，因为人多，也装载些送我们的东西，请立即派人检查机场有无毛病。

（六）这件事情的办成，是华莱士一个具体成就，也对我方今天是很有利益。但我们还要注意到美国之积极要求派人常驻延安与华北，不仅为了今天飞机轰炸日本的需要，必然还另有目的：

（甲）详细了解我与苏联的关系，现在是否受苏联支持；

（乙）详细了解我们的建设方向，战后是否与美国合作，这是很多美国人存在心里的问题。我们想，如果美国完全认识我七年来自力更生，认真实行新民主主义的实况，必更有助于今后中、苏、美的合作。

林伯渠 董必武

毛泽东询问美问山东空军降落场和海军停泊港的目的给董必武的电报

1944年6月29日

请美派人经延转前方考察降落场和停泊港

董：

关于山东的空军降落场和海军停泊港，系美军事代表团还是美使馆问？其目的在于临时降落和停泊还是在于作反攻基地用？请详告，以便答复，最好请其派军事代表和专家来延转前方考察。

毛巳艳（六月廿九日）

毛泽东关于延安机场情况给林伯渠、董必武的电报

1944 年 7 月 4 日

林董：

甲、延安机场据王明回国时（冬季）经验，飞机全部重量有四十吨，可以着陆。现值雨季，为慎重计，全部 < 机身、人员、物品 > 重量，以不超过三十 < 叁拾 > 吨为宜。

乙、机场颇宽，跑道长度为八百五十米，宽度为八十米，降落方向，应由东 < 即延长方向 > 向西，< 即对着延安城 > 慢慢下降。

丙、机场标记：一、跑道均白色地面 < 自然土色 >，跑道以外则长满了绿草，天空一看，便能识别；二、机场为长方形，四角用石灰铺成曲尺形的白色界线；三、沿跑道两侧有白布做的界限，以示飞机着地不能偏出界限之外；四、机场的中央，有白色圆形标记，为机场中心点；五、第一次着地的地点 < 在跑道的东端 > 有一个白布铺成的 T< 英文 > 字，飞机即在 T（即英母第廿字）字右边着地；五、有危险的地点均有红布的旗子。

丁、关于飞机场一般情况及降落时应注意事件，望若飞与他们详谈一次。

毛泽东 支午

（毛泽东批示：即发。毛泽东 四日）

周恩来关于询问美军代表团何日飞延给林伯渠、董必武的电报

1944年7月8日

林董：

请询明美军代表团究竟何日飞延，可否利用机会令王梓木随他们飞延，以保安全。中外记者团现在分开行动中，记者及夏神父正候车返此。渝外记者五人及杨西昆、张湖生拟七月下旬去晋西北。

周午庚

林伯渠、董必武关于美军观察组飞延致毛泽东电

1944年7月8日

与美约飞机降落标号不明

毛主席：

（一）延机场情形，已告美方。用白布铺的英文字及下降方向不明，请再告。

（二）他们共十八人，分两次飞延，预计廿号起飞。领队的包武官已到此与林见面。他们说，不拟多带东西，但不要特别招待，与我们同样食饭，只有地方住就行。山东事，待他们到后再谈。

（三）另息，军委拟组一考察团同来，他们拒绝，派人招待也不要，故搁置起来。

（四）美方已答应军委派学生赴美考察，虽美使馆已签字，仍搁置不能成行，说还要美司令部签字。

林董 八日

（毛泽东批示：叶、周阅后，抄弼、刘、康、彭）

周恩来告美军事使团如能带电台较为方便事致林伯渠、董必武的电报

1944年7月14日

林董：

军事使团来时如能带无线电台较便利，因交通部在此之电报局发电极慢，极不便也。

周恩来 午盐

（毛泽东批示：即发。 毛泽东）

董必武关于美机来延日期及人名致毛泽东、周恩来电

1944年7月15日

美机来延日期及人名

毛周：

<赵>美考察团头一批九人，定二十日飞延安，业已经过政府通知我们，由包武官率领医生×史巴，二十航空队多仑，美军司令部塞维斯，十四航空队史特尔，及四名未详等九名。其余人数约二十五日起飞。

<钱>包武官说：

（一）我感觉此次任务很重大，要做到与中国新力量合作，如做不好，此生完了。

（二）领事曾先征求苏联同意的。×××拟带一美籍日本人来延学习研究日本问题概况及了解日朝满等机密，防敌机袭击

董 七月十五日

（此电经重收后始译出，共186字，第一次收错七八十个小码。这证明国民党在故意捣蛋——中机）

毛泽东关于时局近况的通知

1944 年 7 月 15 日

各同志：

兹将时局近况通知你们：

（一）蒋之军队由于其士兵是捆绑与购买来的，军官极其腐败与根本没有民族民主教育，提倡反共教育，因而大部分军队充满失败情绪，失去战斗意志。蒋军在河南、湖南作战中，绝对大多数均不战而溃或一触即溃，损失在四十万以上。进攻河南敌军不过四个师团，蒋军近四十万，除少数武器较差、待遇较坏的杂牌军比较能作战外，几乎无不望风而逃。胡宗南有十个师由陕、甘开入豫西参战，但是只有一二个师能打一下，其余都是一触即溃。河南人民，在蒋军残酷压迫下引起他们普遍地与军队对立，群众暴动围剿军队枪械。这些地方的共产党，早已被国民党摧残，但是这些地方的人民在对国民党失望后，希望中共军队到临抵抗敌军之心甚为强烈。

（二）胡宗南已调动十个师入豫参战，对边区威胁减轻，但直接包围边区军队并未减少，封锁依然存在，一切反共行为依然继续。

（三）英、美、苏记者到边区已一个多月，他们感到兴奋。但是蒋在事前沿途布置反共宣传，蒋又派一批人同来监视他们，进行破坏中共工作，但未达到目的，这些人现已离边区，他们出去后可能进行破坏宣传。但是英、美、苏三国主要记者尚留边区，他们愿意多看一看，并将赴晋西北参观。他们对英、美、苏的新闻报道有利于我们。

（四）罗斯福三次电蒋要求派美国军事代表团来延安，均被蒋拒绝；此次华来［莱］士来华，率美方在渝有关人员全体见蒋，正式提出罗斯福第四次电报，蒋始被迫答应。美军事人员十八人不日可到延安。

（五）国共谈判无进展。关于党的问题，国民党虽在形式上说可以照抗战建国纲领办理，但是实际上仍不承认我党合法地位；关于军队问题，仅承认十个师即十万人的名义，其余三十七万军队，二百万民兵，均要解散；关于政权问题，只承认陕甘宁边区一处，对华北、华中、华南各敌后根据地代表八千六百万人民的民主政权，概不承认；我党被捕人员不肯释放；其他要求条件都不答应。林伯渠同志尚在重庆，但是根本调整国共关系，要待蒋更困难及美方施以更大压力时才有希望。

（六）国民党政治、军事、经济、文化机构，腐化达于极点，酝酿着极大危机。孙科、宋子文、于右任及许多国民党党员均不满蒋及其集团的死硬政策，各中间党派及川、滇等省地方实力派更加不满。如果日本继续向内地作深入进攻，重庆可能发生重大事变。

（七）我党在华北、华中、华南三大敌后战场，近几个月有新发展，消灭了许多敌伪军，夺回了许多土地。为克服物质困难，发展了广大生产运动，今年天雨及时，粮食可望丰收。在人民面前，我党领导的敌后战场与国民党领导的正面战场间的区别，越来越明显了。一个在进攻，在发展，在巩固；一个在退却，在萎缩，在充满着危机。在敌人继续进攻情况下，这种区别会更显露出来。但是我党困难仍是很多的，日寇将向我们施行残酷进攻，经济困难依然极大，决不可粗心大意，失去警惕性。

（八）对国民党问题，我们将继续谨慎处理方针，谈判虽无结果，但仍在进行中。

毛泽东

七月十五日

（毛泽东批示：密码发李先念、华中局、山东分局、冀鲁豫分局、北方局、晋察冀分局、晋西北。他处不发。毛泽东 七月十九日）

周恩来询美军使团来延时间给林伯渠、董必武的电报

1944年7月17日

林董：

连日天晴，请问美军使团是否定二十飞延，并便探住此时间及工作范围，速复。

周恩来 午篠

董必武关于美考察团来延目的致毛泽东、周恩来电

1944年7月18日

美考察团来延目的

毛周：

（一）美国考察团来延，他们意思，主要商量在边区及敌后根据地建设飞机降落场问题，及了解我们实际情况。另从旁观察，得知我们与苏联的真实关系。这次来的人，包括有军、航空、电讯、医药等各方面的。

（二）这次时间没有确定，大约包武官要留四五（月），以后希望每月通航一次。

（三）今晚宴包、谢等谈，定二十日飞延。

（四）他们要求不要当客看待，只希望住在一起，因被毯衣服未便多带，要帮助一些，要求供给他们电台用的汽油，我要他们多带机油。

（五）他们不喜欢不给他们实际情报，他们说：希望能给以实际情报。故我们须常告以实际情况，并经考虑后，向他们提出确切要求。过去各机关很随便探息事情，往往纷传，请注意。但这不是说不要随便见面谈话，只是谈不要随便要求。我已托人作了些探访，他们对敌情很注意，因为在国党方面很不了解华北敌情，希望我们帮助了解东北、华北敌人的大工业区、机场布置。林、王带来的敌我形势图已给他们一份。

董 七月十八日

（毛泽东批示：即抄弼、刘、康、周、彭、朱、叶、伯承、聂、陈、博、明、洛。毛）

国民政府军委会关于附发美军派赴十八集团军驻区工作人员名单及联合国在华设立临时军用无线电台办法给朱德的电报

1944年7月20日

代电

第十八集团军朱总司令勋鉴：

午哿参电计达，兹随电附发美军驻中缅印总部派赴贵集团军驻区担任空陆连络救护等工作之全组名单一份暨联合国在华设立临时军用无线电台办法一份，希洽照。

参谋总长兼军政部长何应钦 午号参（附件如文）

美军派赴十八集团军驻区工作人员全组名单

包瑞德上校	组长	COL.D.D.BARRET
塞维斯先生	秘书兼翻译	MR.J.S.SERVICE
凯斯堡少校	医官	MAJ.M.A.GASBERG
克朗姆莱少校	步兵军官	MAJ.R.A.CROMLEY
多姆克上尉	通讯军官	CAPT.P.C.DOMKE
考林上尉	步兵军官	CAPT.J.C.COLLING
斯特尔上尉	空军军官	CAPT.C.C.STELLE
费特塞中尉	步兵军官	1St.Lt.H.C.WHITTLESSEY
雷姆尼上士	步兵	S/SGT.A.H.REMENIH

卢登先生	秘书兼翻译	MR.R.P.LUDDEN
佛斯中校	空军军官	Lt-COL.R FOSS
彼德金少校	步兵军官	MAJ.W.J.PETERKIN
多尔少校	空军军官	MAJ.C.R.DOLE
多伦上尉	步兵军官	CAPT.B. DOLAN
西区海军上尉	海军军官	Lt.S.H HITCH
琼斯中尉	空军军官	ISt.LT. JONES
葛尼斯军士	步兵	SGT.W. GRESS
中村军士	步兵	SGT.G.I.NAKAMURA

（周恩来批示：主席一份，有可能因水涨未送到，兹先送阅，阅后请退还。周恩来，七，廿四）

（周恩来批示：已商定名为“美军观察组”）

联合国在华设立临时军用无线电台办法

第一条　联合国因联合作战上之需要，得由各该国驻华有关联合作战之军事高级主官，向国民政府军事委员会（以下简称军委会）申请在中国境内设置临时军用无线电台（以下简称临时电台）时，依本办法之所定办理（申请书式样附后）。

第二条　临时电台须俟军委会认可，发给联合国临时军用无线电台特许证后，方可架设、通报。

第三条　临时电台准许设立之期间，以半年为限，期满后由军委会核准延长之。若战争停止而许可期间未满时，仍应撤销。

第四条　临时电台，不得设在使领馆内。

第五条　临时电台负责人及工作人员职衔、姓名，应于申请书内详细注明，并通知当地电信监察科（股）备查，如有异动，应随时分别通知更正。

第六条　临时电台之台址、呼号、周率、联络单位及通报时间，应得军委会之许可，并通知当地电信监察科（股）备查，异动时亦同。

第七条　临时电台之发射周率，应力求稳定，并须避免谐波之发生，军委会得随时派遣人员检验其机件。

第八条　军委会于发觉临时电台使用之机密方法被敌侦悉时，得派专门人员协助改进。

第九条　临时电台不得传递军事性质以外之通讯。

第十条　临时电台应遵守中国政府所颁布之各项电信法令及一切通告。

第十一条 临时电台应接受军委会及当地电信监察科（股）之一切有关改进意见。

第十二条 军委会因连合作战之需要，得利用临时电台传递电信，或与中国军用电台通信，必要时得借用其机件。

第十三条 临时电台如不遵守本办法之规定，军委会得令其撤销。

第十四条 为保障安全起见，临时电台所用人员之操守，应由申请设台之联合国政府负责。

第十五条 临时电台若因故致令他人受有损害而致涉讼或须赔偿损害时，应由申请设台之联合国政府负责赔偿。

第十六条 本办法自密令颁布之日起施行。

包瑞德关于美军观察组希获得情报项目给朱德的信

1944 年 7 月 22 日

朱德将军　　　　　　　　　　　　　　　　　　　延安

第十八集团军总司令　　　　　　　　　　　　　　七月二十二日，一九四四年

延安

朱将军阁下:

下列者系观察组留驻第十八集团军、新四军所在地区时期中，所希望获得情报之一部分项目。

共产党军队之力量、编制、驻地及其装备。

共产党军队之战斗序列。

共产党军队之作战情况。

共产党统治地区之介绍（附图）

共产党军官之全部名单。

使用共产党在敌区及敌占区情报组织之方法。

轰炸目标之情报。

关于美空军轰炸效果之情报。

华北气象之观察与报告。

华北之道路及交通。

华北敌人飞机场及其防空设备。

敌人战斗序列。

敌人空军战斗序列。

伪军战斗序列。

敌军作战情况。

经济情报。

海军情报。

我愿意与阁下随时商讨对于上列项目之变动、说明及补充。本观察组对于情报之获得，自当依据阁下之协助与合作。本组来至阁下所统制之地区并开始工作，自不免对于阁下及阁下之军官有所要求，以致分用其时间，加重其耐性。然而我敢断言，美国政府最高长官对于本组所获得之一切协助，必将深致谢意。

阁下之至友

大卫德，D · 包瑞德

上校，参谋团

包瑞德关于偿付美军观察组在延生活费用给朱德的信

1944年7月22日

朱德将军　　　　　　　　　　　　　　　　延安

第十八集团军总司令　　　　　　　　　　　一九四四、七月廿二日

延安

朱将军阁下：

观察组自抵延后，承蒙热烈招待及友爱之待遇，全体至深铭感。为我等之安适，已作一切可能之准备，我等生活颇为愉快。

我请求允许观察组之组员偿付其在延及旅行时之生活费用。组员人数众多，且我们计划作较长之停留。因此，由十八集团军担负膳宿各费，似不适宜。

组员均自美国陆军方面获有津贴，以应离渝期间膳宿之需，我希望阁下允许我等偿付对我等之友爱及有效率之帮助。贵方之厚谊，实非金钱所能偿还者，然深愿我等至少能部分减轻为供应我等生活而用的耗费。

阁下之至友

达维德，达·包瑞德

上校，参谋团

包瑞德关于美军人员及职务给朱德的信

1944 年 7 月 23 日

朱德将军　　　　　　　　　　　　　　　　　　　延安

第十八集团军总司令　　　　　　　　　　　　　　一九四四年七月二十三日

延安

朱将军阁下:

美军观察组（U.S.Army Cteenen Section）全体人员名单列下。每人之职务，则于姓名之后附列之:

第一批（一九四四年七月二十二日 抵延者）

大卫德 D · 包瑞德上校，参谋团（本团领队）

约翰 S · 谢伟思先生（顾问）

梅尔云 A · 凯斯堡少校，军医团（军医官）

雷伊 · 克朗姆莱少校，空军（敌人战斗序列）

约翰 C · 考林上尉，步兵（爆破工作）

保多 C · 多姆克上尉，通讯团（通讯官）

查理斯 C · 斯特尔上尉，空军（目标研究）

亨利 C · 费特塞中尉，步兵（援助陷落敌后之美方人员）

安东 H · 雷姆尼上士，通讯兵团（无线电报务员）

第二批（应于七月二十六日抵延）

雷伊孟特 P · 鲁登先生（顾问）

瑞吉拉尔特 · 佛斯中校，空军（目标研究）

维尔伯尔 · 彼德金少校，步兵（敌军作战情况）

查理斯·多耳少校，空军（气象研究）

布鲁克·多伦上尉，空军（空军情报）

西力 H·西区海军上尉，美国海军（海军情报）

L.G·琼思中尉，空军（空军情报）

W.Z·葛尼斯军士，步兵（无线电报务员）

乔治 I. 中村军士，步兵（日本翻译）

阁下之至友

大卫德 D·包瑞德

上校，参谋团

朱德关于美军观察组包瑞德上校等人抵延给何应钦的电报

1944 年 7 月 24 日

包瑞德上校等七月廿二日安全抵延

总长何钧鉴:

午嵜、午马两电及午号代电均敬悉。美军驻中缅印总部派赴十八集团军地区之观察人员第一批九人，已于养午由包瑞德上校率领到延，所乘飞机因机场设备简陋，于安全降落后遭受损坏，现正设法扩大机场以谋今后安全，谨闻。

职 朱德 叩 午敬 延（七月廿四日）

附 1:

何应钦关于美派遣救护空军人员办法给朱德的电报

1944 年 7 月 20 日

美派遣救护空军人员来延

第十八集团军朱总司令:

（一）准美方要求请准派员往中国各地担任救护空军人员等工作，兹经核定派遣办法各项，函达美方查照在案:

A. 中国军委会，应乎美空军在华作战之需要，特准美国驻中缅印军总部，派员往中国各地从事救护降落沦陷区之美空军人员，蒐集敌方情报，并研究气象，中国军委会得予以必要之指导与协助。

B. 美军总部派遣此项人员时，应先将派遣计划，包括人员总数、姓名、级职、分组数目及位置、出发、概略日期，通知军委会，转令各有关部分知照，并填发军用证书。

C. 为使该组工作顺利进行，并确取地方当局之协助起见，必要时，由军委会酌派军官随往协助。

D. 美方此项人员，如有增减及更调时，应随时通知军委会备查。

E. 美方此项工作人员，遵守中国现有关法令。

F. 美方工作人员之经费、给养、交通工具，由美方自行负责。

G. 美方蒐集之各种情报及气象报告，应随时通知中国最高统帅部。

H. 此项工作人员，在无必要时，得通知美方撤销之。

（二）美方派赴贵集团军驻防区者，计一组，共十八人，由北瑞德（编者注：亦称作包瑞德）上校任组长，名单另寄，并经军委会核准，准其携带电台一座，专与美军总部及美在华轰炸总队直接通信连络。

（三）该组将分两批，各九人，约可于本月养、有两日飞延。

（四）以上各项，除分电各战区长官、各集团军总司令、各省政府主席外，特电请查照，并希将该组工作情形，至少每月电告一次。

总长及军政部长

何应钦 午哿况

（七月廿日）

（毛泽东批示：即抄弼、刘、康、周、朱、彭、叶、博、明、洛、毛、伯承、聂、陈、高、贺）

附 2：

祝绍周关于美军上校包瑞德飞延安给朱德的电报

1944 年 7 月 22 日

美包瑞德上校来延事

十八集团军朱总司令玉阶兄钧鉴：

奉何总长午箇电，美方派赴十八集团军担任陆空联络救护人员第一批共九人，由包瑞德上校率领，乘运输机并由战斗机四架护送，于养日已飞延，特电请查照。

弟 祝绍周 午祃

（毛泽东批示：已抄弼、刘、康、周、朱、叶、彭）

克朗姆莱少校需要的材料目录

1944年7月

克朗姆莱少校需要的材料目录

（一）战斗序列：

目的——日本空军及陆军部队之实力及其部署。

方法——

1. 访问去年所俘之全体日军俘虏。

2. 研究缴获之全部日本文件。

3. 访问研究战斗序列之中国军官。

（二）所主要注意之缴获日军各种文件：

1. 特别有价值之书册，另有详表，随件附上，请并加注意。

2. 各种将校名簿。

3. 各种电码名簿。（日本陆空部队所用电码名字簿）

4. 缴获之日文日记、笔记、发饷册、收据、护照、身份证、连队勤务名册、组织系统表、地图、命令、医务记录及其他。

（三）所需情报之种类：

关于一切日本陆军军官者：

1. 姓名、阶级、职务。（以日文写出者）

2. 驻地与日期。

3. 所属部队、部队所用密码番号（名字与号数），部队兵种（工兵、步兵、炮兵、其他）

4. 移动。

5. 情报来源及日期。

关于一切日本陆军部队者（军、师团、联队、及独立部队，如工兵、炮兵、铁道、通讯、运输、坦克、医务及其他部队等）

1. 用以称呼每一日军部队及所属部队之电码代字及代码。

2. 部队驻地及日期。

3. 部队番号（如 123 步兵联队）及兵种（步、工、其他）。

4. 每一军官之姓名、阶级、职务。

5. 移动（部队在移动中之人数及其证明）

6. 情报来源及日期。

地图及图表详细表明全部日军部队（大部队及小部队）之位置。

（四）下列各部队之情报，尤为急需：

第一、第二坦克师团，

第六十二、六十三、六十五师团，

第一、八、九、十五独立混成旅团，

第一、二、三、四、九、十独立步兵旅团。

空军军团、空军师团、空军联队、机场大队、其他。

独立炮兵联队、工兵联队、铁道联队、坦克联队、摩托运输联队、其他。

上述部队之组成、位置及日期、密码代字及代码、军官姓名、募补区域，均所需要者。

（五）关于下列密码代字之情报，需要甚急：

Hikari　Tora

Iwa　Nari

Yama　Asahi

Ishi　Sora

Makoto　Sugi

Akebono　Teru

Kiwame　Tetsu

（六）关于下列密码代号之情报，需要甚急：

自 1451 至 1499	自 3050 至 3099
自 1500 至 1550	自 3100 至 3499
自 1551 至 1599	自 3651 至 3699
自 1650 至 1799	自 3951 至 3999
自 1951 至 1999	自 4000 至 4050
自 2000 至 2050	自 4100 至 4199
自 2100 至 2299	自 4300 至 4800
自 2400 至 2600	自 4850 至 5000
自 2700 至 2799	自 5001 至 5100
自 2850 至 2899	

美军观察组（18 人）名单及其研究事项

1944 年 7 月

美军观察组（十八人）名单及其研究事项

包瑞德上校　组长　　COL.D.D.BARRET

塞维斯先生　秘书兼翻译 MR.J.S.SERVICE 顾问

凯斯堡少校　医官　　MAJ.M.A.CASBERG 医生

克朗姆莱少校 步兵军官　MAJ.R.A.CROMLEY 研究敌情，会说日文

多姆克上尉　通讯军官　CAPT.P.C.DOMKE 通讯连络，系记者

考 林上尉　步兵军官　CAPT.J.C.COLLING 研究爆破工作，会俄、中文。

斯特尔上尉　空军军官　CAPT.C.C.STELLE 研究空炸目标，会说中文

费特塞中尉　步兵军官　ISt.Lt.H.C.WHITTLESEY 救护落在敌后人员

雷姆尼上士　步兵　　S/SGT.A.H.REMENIH 报务员、无线电、通讯兵团

卢 登先生　秘书兼翻译　MR.R.P.LUDDEN　顾问

佛 斯中校　空军军官　Lt.-COL.R.FOSS　研究空军目标

彼德金少校　步兵军官　MAJ.W.J.PETERKIN 研究敌军作战

多 尔少校　空军军官　MAJ.C.R.DOLE　研究气象

多 伦上尉　步兵军官　CAPT.B.DOLAN　空军情报

西区海军上尉 海军军官　Lt.S.H.HITCH　研究海军情报

琼　斯中尉 空军军官　ISt.Lt.JONES　空军情报

葛尼斯军士　步兵　　SGT.W.GRESS　报务员

中　村军士　步兵　　SGT.G.I.NAKAMURA 日文翻译

第二信：一部分项目

1. 共产军力量、组成、驻地及其装备；

2. 共产党军战斗序列；

3. 共产党军作战情况；

4. 共产党军统治地区之介绍（附图）；

5. 共产党军官之全部名单；

6. 使用共产党在战区、敌区情报之使用法；

7. 轰炸目标之情报；

8. 关于美空军轰炸效果之情报；

9. 华北气象的观察和报导 [道]；

10. 华北道路和交通；

11. 华北敌机场及敌人防空设备；

12. 敌人战斗序列；

13. 敌空军战斗序列；

14. 伪军战斗序列；

15. 敌军作战情况；

16. 经济情报；

17. 海军情报。

研究敌情之克朗姆莱请求单：

一、敌人战斗序列：1、目的：日空军陆军力量及其位置。2、方法：会见的是日军俘虏，研究所有缴获日军文件；3、访问中国研究日军战斗序列之人员。

二、主要注意事项：——关于缴获各种日军文件中之主要注意事项：1、特别是用书籍（另附详单）；2、日军官名单；3、日陆空军之密码；4、日军日记笔记本；5、付饷簿花名册；6、护照、身份证；7、连队名册；8、组织系统表；9、地图；10、命令；11、医药记录；12、账目等等。

三、即需情报种类: ①关于一切日军陆军官; a、姓名(字日文) 1、阶级; 2、驻地日期; 3、单位番号（秘密）; 4、调动; 5、情报来源日期。②所有日军军队单位: 军、师、旅、团、独立部队（如工、炮、辎重、坦克、骑等）: a日军单位及附属单位、密码名称番号; b、部队单位、位置日期; c、单位（例如123步兵团）及其兵种; d、军官姓名、阶级及其职务; e、调动（证明）f、情报来源及日期。附注: 一切日军单位及详细位置图表。

四、目前急需情报: ①第一、二坦克师; ②六十二、三、五师团的位置; ③第二、八、九、十五独立混成旅; ④第一、二、三、四、九、十独立步兵旅; ⑤空军兵团、空军师团、空军联队、飞机场守卫部队; ⑥独立炮兵、工兵、铁道兵、坦克、摩托等各联队，需要上述各单位的情报如下项: 组织; 位置及日期; 名称及编号（通信代字代码）; 将校名录; 募补区。

五、日军名称（密码）

六、现急需下列编号、密码:

1451-1499-1500-1550-1551-1599-1650-1799-1951-1999-2000-2050-2100-2299-2400-2600-2700-2799-2850-2899-3050-3099-3100-3499-3651-3699-3951-3999-4000-4050-4100-4199-4300-4800-4850-5000-5001-5100

附书籍详单:

1. 昭和十八、九年日本陆军将校实役停年名簿共五册，内一册为索引，计二千多页，内有四五万将校姓名、阶级、职位及任命日期。

2. 日军航空将校停年名簿（昭和十八、九年）注同上。计二百余页，内载四千余空军将校。

3. 日海军将校停年名簿（昭和十八、九年），计二百余页，内载四千余海军将校。

4. 陆军将校预备役停年名簿（昭和十八、九年），共四千余，从上校到少尉。

5. 日陆军移动通报（昭和十八年九月以后），此系日陆军每日公报，专载各将校之升级调动之命令，每日一张或数张，每二百张订一册。

6. 日海军移动通报（昭和十八、九年后），注同上。

7. 日空军将校移动通报（昭和十八年九月以后）同上。

8. 日陆军海外部队番号、代号、代字，凡日本国外所有代字、代码，例如“鹭——3910-3929，意即110D及其所属部队”，“胜4210-4217及5226-5230，意即69D及其所属部队”，“飞5310-5319，意即26D及其所属部队”，此项代字、代码其数字如（3913）代表所属部队，其代字代表师团或军团，而数字代表之部队，即隶属于此师团或军团也。此项日本国外陆军代字代码，想系载于一个五十余页之小册内，凡各部队代字、代码俱列其中，如以“鹭”“胜”“飞”皆在内。

9. 日本陆军内地部队号，此系日国内陆军之代字、代码，举例如下：“北部12——东部119——西部5——中部89——台湾64——朝鲜38——满洲14，有时数个部队具相同之代字、代码，此则因其在同一训练营训练者，此项日国内日陆军之代字代码，想系记载一个五十余页小册内。

美军观察组八月份
在延安期间的工作计划预定表

1944 年 7 月

美军观察组八月份在延安期间的工作计划预定表

<table>
<tr><th colspan="2">区分</th><th>项　　目</th><th>参　加　人　员</th><th>开始实施时间</th><th>附记</th></tr>
<tr><td colspan="2">I．</td><td>八路军
新四军　编制装备介绍</td><td>叶参谋长　3-4/8</td><td>八月三日上午开始</td><td rowspan="9">美军观察组全体参加，先听口头报告，再发书面材料，如有疑问，再作一次总的回答。</td></tr>
<tr><td rowspan="8">敌后战场各种介绍</td><td rowspan="8">需要时间八天（十六个上午）</td><td>敌后抗战报告</td><td>彭副司令　5.8.9/8</td><td>八月五日上午开始</td></tr>
<tr><td>副报告</td><td>陈军长　10/8</td><td>八月八日上午开始</td></tr>
<tr><td>八路军
新四军　教育训练介绍</td><td>林师长　19/8</td><td>八月十八日上午开始</td></tr>
<tr><td>各根据地介绍：</td><td></td><td></td></tr>
<tr><td>晋察冀</td><td>聂司令　12/8</td><td>八月十日上午开始</td></tr>
<tr><td>晋冀鲁豫</td><td>杨秀峰、陈赓　14/8</td><td>八月十二日上午开始</td></tr>
<tr><td>山　东</td><td>朱瑞　16/8</td><td>八月十四日上午开始</td></tr>
<tr><td>晋　绥</td><td>贺师长　18/8</td><td>八月十六日上午开始</td></tr>
<tr><td colspan="2">II．</td><td>敌伪军研究</td><td>伍修权、克朗姆莱、李初黎、周俊鸣</td><td>已开始</td><td rowspan="10">分成许多专门问题研究组，同时进行工作，先由美军官提出意见或问题，先用书面解答，如有必要分组定期座谈，交换意见。</td></tr>
<tr><td rowspan="9">各种专门问题的座谈</td><td rowspan="9">需要时间十二天（十六个下午、四个整天）</td><td>通信</td><td>王诤、克姆达、唐玛克、王子刚、钟夫翔、张瑞、吴泽克。</td><td>已开始</td></tr>
<tr><td>交通与目标（空）</td><td>常乾坤及各空军人员及其他。</td><td></td></tr>
<tr><td>气象及训练班（空）</td><td>张乃招、吴得光、黎扬、易伦。</td><td></td></tr>
<tr><td>陆地情报（空）</td><td>何延英、魏国英。</td><td></td></tr>
<tr><td>敌后地上救护（空）</td><td>叶参谋长、维特尔塞、陈赓、陈再道、崔田民、何延英及军区来人。</td><td>未开始</td></tr>
<tr><td>医务及医药</td><td>饶正锡、凯斯堡、王聿先、孙仪之、苏井观、王彬、沈其震、叶青山、阿洛夫、马海德、鲁之俊、傅连璋。</td><td>已开始</td></tr>
<tr><td>政　治　工　作
民兵、游击队</td><td>罗瑞卿、陶铸、刘志坚、陈世才、王凤斋、刘子久、叶长庚、肖向荣。</td><td></td></tr>
<tr><td>海军情报（海）</td><td>朱瑞、张赤民、王彬。</td><td></td></tr>
<tr><td>爆破及训练班
新武器讲解　（陆）</td><td>张经武、柯林、周同、各旅工兵连排长</td><td>八月一日</td></tr>
<tr><td colspan="2">III．</td><td>参　观　部　队</td><td>王震、苏进（包括参观延长油厂）</td><td>八月廿一至廿七日
（包括来回的时间）</td><td rowspan="9">分组进行</td></tr>
<tr><td rowspan="8">组织各种参观</td><td rowspan="8">需要时间十天</td><td>茶　坊　兵　工　厂</td><td>李强</td><td>看道路状况再定</td></tr>
<tr><td>温家沟兵工厂</td><td>李强</td><td>八月廿八日</td></tr>
<tr><td>陶　瓷　工　厂</td><td>李强</td><td>八月廿九日上午</td></tr>
<tr><td>皮　革　厂</td><td>张令彬</td><td>看道路状况再定</td></tr>
<tr><td>展　览　会</td><td>张令彬、肖向荣</td><td>八月十九日下午</td></tr>
<tr><td>医　院</td><td>傅连璋、苏井观、王彬、饶正锡</td><td>临时约定</td></tr>
<tr><td>军事学校　A. 绥德抗大（抽一大队）
B. 清涧六中
C. 三五九旅教导队</td><td>徐向前、肖劲光、张经武、王震、苏进。</td><td>A、B两处于赴晋西北途中举行；
C. 临时约定。</td></tr>
</table>

包瑞德关于林迈可所提无线电器材清单事给周恩来的信

1944 年 8 月 2 日

周将军阁下：

林迈可先生所拟之改进共产党地区电讯交通所需无线电器材清单，我愿说明，此乃纯系应吾人之请而制者。林先生从未向我等提出，希望我方供给何种无线电装备。

此等材料究竟能否供给，我实无所知，此点前已道及。但无线电零件重量颇轻，所占地方较小，我意以为应拟定一所需材料清单，以便一旦时机来临，可以送来此类器材时，即可以最少之迟滞而获得之。

观察组一切组员悉知贵方人员无一人曾向我方要求任何物品，此点予我人以极佳之印象。因此余更切望阁下了解林先生拟制材料清单之原委。

诸蒙厚谊，谨致谢忱。并深致问候之意。

阁下之至友

D.D. 包瑞德

美国陆军上校

一九四四年八月二日于延安

（周恩来批示：毛、朱、叶、彭、聂：关于无线电材料问题，现有包上校林迈可来信译稿，特转你们一阅。周恩来 八.五）

附:

林迈可关于拟给美方的通讯装备需要清单给周恩来的信

(1944年8月2日)

周恩来先生:

随函附上给美方的材料单。在G——三项下，留下一点空白，因我不确知他们有多少联结线及其他电线，本拟询问王同志我们是否需要一些供试验之用，但他整天外出未在家。

自始至终都是美方要求这些材料单的，他们并且提出各种我从未想开列上去的东西。例如他们曾提出开上几架打字机供新华社抄录新闻之用。这些东西我未列入，因为我们想把需要压低到最小限度。

我认为试验工作为最主要的准备步骤。现在有许多新东西出来了，特别是真空管，这些东西我们仅仅从书本上参考到的一点，也略而不详。我们之现有装备在许多方面是难令人满意的。我们没有好收报机，无线电话除了几架马力很小的外也是没有的。没有新的真空管及各种零件，我们便无法改进。我们的计划是制出几架标准设计的真正满意的机器，以便情势发展及美方准备供给之时，我们能确切告以所需之物。设如我们不先做试验工作，很可能当美方要供给我们时我们无法告以所需之物，那时或者要他们给足以制造各种可能式样的机子的材料，而实际上我们只能使用一半，或者便得要求他们等候一二月之久，等候我们试验出结果来。顶好时也迟滞了把适宜的新式机子送往前方的时间。

为延安所要的试验装备是这一工作所需者，因为今天我们缺乏用以装置及试验新机子所需之器材甚夥。

我尽量把数量开得很低，但未低至最小限度，多姆克告诉我美军内通常习惯，在制成材料单时要比最低所需者多开一些，因为上面还会削减一些下去。因此，如果我们除为试制所绝对必须之材料外，丝毫不留余裕，很可能得到的东西太少，不能切当的进行工作。

我拍了一个电报给英国大使，说明我不了解回英国去的事，并请其于下次飞机来时带信来或经美军电台弄清此事。

M·林迈可

一九四四年八月二日

通讯装备需要总量

八路军当局现时不愿任何关于全部需要之清单，仅当包瑞德上校要求至少应提出一需要总量之概略估计时，叶将军始同意允许我根据与他谈话中之数字及计划拟定一概略之估计。

黄河以东区域实际可使用的最大机子，为一十五瓦特发电机发动之发报机，实际为五百发尔特，一百MA之最高发电量。若望在全军现在之军力基础上此种机器之使用扩展至团级司令部，则团级及团以上机关所需此种机子总数约为五百架。……所需机子之确切详情，须待在延安进行试验后始能提出。

现在使用中者有三百二十二架手摇发电机，但部分为小于十五瓦特式者，十五瓦特式者亦多亟须修理，故应估计尚需三百二十二架新手摇发电机。

其他机子应全为新机。现用之机子几全部使用旧式真空管。……若以现有机件重新改装，几须每机均行各别设计。

计划每营设一延安造之手摇发动机电台，共需一千二百部。如有原料供给，可在延安制造此种妨〔仿〕外国制之发电机，以应迅速改装计划之需。详细需要，亦需新的试验器材。

营以下单位，提议用装干电池之机子，供侦察连、情报站之用。此种机子约需一千五百至二千台。详数亦需俟以新真空管试验后始可确定。

无线电话（HANDY,TALKY）于作战及情报工作中可能极有用处，然目前极难估计究需若干，因对此种工具毫无经验。

现时之电池消耗，每月约需二〇〇个一个半瓦尔特电池，及二四五与七七二个四十五发尔特 B 电池。改装后部分电台不需电池，但少数装小电池之机子将增加，故消耗可能增加，但不会与台数比例增加。

现有之电话网，增加五百架电话机，极有用处。如 ASSAUL+ 电线可以得到，即可加到五千英里，即需三千至四千架军用电话机。

延安之无线电装置，需二十五架超外式收报机，四、五部一五〇至二〇〇瓦发报机，一、二部或更多之一千瓦的大电台，亦所需要。……上述装备全须包括发电机在内。收报台分设于二个中心，每处需二部一千瓦之汽油发电机，以便连续工作。

上述之外，尚须一〇〇装小电池之广播收音机，以帮助根据地及敌占区宣传工作之用。三、四个汽油发电机之广播台及十至十五用手摇发电之广播机，将极有用处。

（手边无字典，许多字无法查，故只节译主要部分之大意，以供参考，其中可能有错误处，请注意。材料单亦未译出，须请王局长译出才可靠。　黄华）

何应钦关于美军观察组第二批人员六日飞延给朱德的电报

1944年8月5日

美机今日来延

第十八集团军朱总司令：

（一）美方派赴贵集团之情报组第二批人员共九人，将于本月六日由渝飞延。

（二）特核准该批人员携带无线电收发报机两座，专与该情报组内部通信联络之用。

上二项特电查照。

何应钦 未微成参

（周恩来批示：送主席阅。抄弼、刘、康、朱、彭、叶。周）

（周恩来注：据包上校说，他们通知何应钦在三天前，而何此电则在昨晚，实故意延迟也。周恩来，八、六）

彭德怀对美军观察组的谈话

1944年8月6、8、9日

八路军七年来在华北抗战的概况

——一九四四年八月六、八、九日第十八集团军副总司令彭德怀对美军观察组的谈话

八路军七年来在华北抗战的概况

——一九四四年八月六日

今天利用这个很难得的机会，和国际反法西斯的朋友们、美国的朋友们谈一谈我们七年来华北抗战的情形，把华北战场上的敌军、友军和我军的情况作一简单的介绍，以便反法西斯的国际战友们有一个概况的了解。

七年的华北抗战，可以分为四个时期：（一）平型关战斗至武汉失守；（二）武汉失守至百团大战；（三）百团大战至我国抗战五周年；（四）抗战五周年至今。现在逐一叙述其具体情形于下。

第一个时期——平型关战斗（一九三七年九月二十五日）至武汉失守（一九三八年十月二十五日）

①敌方情形

日寇进攻我国，最初是采取“速战速决”的战略方针，妄想在三个月内灭亡中国。这个方针，用之于既无准备、又无决心的国民党军队则可，用之于坚决抗战的八路军和抗日思想酝酿已久（自九一八以来即开始）的广大人民则不可，因而他只能获得初期的某些胜利。敌人进攻作战的重心，首先是在华北，这是根据田中奏折的老计划，由东北四省而进入华北，企图尽掠黄河以北，抢夺河北的棉花，山西的煤铁，然后举兵南下，经华中、华南而直抵南洋。在太原尚未沦陷之前，敌人作

战的对手，主要的还是国民党的军队，当时，敌人的华北派遣军司令是香月清司，集十二个半师团的兵力，为第五师团、第六师团、第十师团、第十四师团、第十六师团、第二十师团、第一〇八师团、第一〇九师团、第一一四师团、铃木旅团、酒井旅团、山井旅团等之全部，及第一师团、第二师团、第四师团、第八师团之一半，近三十万人，约占当时日寇侵华兵力二十又半个<师>团的五分之三的兵力，作所谓“堂堂阵容”的正面进攻，由北而南，长驱直入，未及四月，即占领了平、津、保定、石家庄、太原，控制了北宁路、平绥路、正太路，以及同蒲路、平汉路、津浦路之北段。

太原、临汾相继失陷后，整个黄河以北的地区沦入敌手，友军望风南溃，退出了华北战场。此时在华北与敌人作战的，只有共产党人、八路军、山西新军决死队，河北的杨秀峰，山东的范筑先，以及由监狱释放出来的爱国志士和青年学生为骨干组织起来的游击队，这些新兴的抗战力量，团结在八路军的周围，与华北人民深相结合，就像雨后春笋一般，蓬勃的生长起来，到处发动抗日游击战争，和敌人周旋。从此，日寇在华北的作战，就以八路军为其主要敌手了。这时敌人提出“巩固已经占领的战略要点和交通线”“确实掌握华北”的方针，在其占领的铁路沿线和城市周围，修筑据点碉堡，以资防守，同时又提出“以华制华”、“以战养战”的口号，进行培植伪军、伪政权和掠夺人力、物力、财力的阴谋毒计。为了镇压方兴未艾的游击战争，敌以寺内寿一代香月清司为华北派遣军司令，除调走两个半师团（第六师团全部及第一师团、第二师团、第四师团之一半）参加徐州会战外，复增派七个师团到华北战场（第二师团、第十一师团各一半，第二十一师团、第二十三师团、第一〇四师团、第一一〇师团，第二、三、四、五混成旅团之全部），并另将铃木、酒井、山下等三个旅团扩编为三个师团（第二五、二六、二七师团），在华北兵力为十八个半师团，约四十万人，较战争第一年增加了六个师团，仍为当时日寇在华作战兵力三十又半个师团的五分之三。

敌寇初与我八路军交锋，尚不知我军特点和厉害，在战术上采取“突贯攻击”，单刀直入式的向我横冲直撞，以为我军如其他国军之易欺，企图把我们碰垮，但结果反而碰伤了他自己，常常遭受我们的歼灭打击，敌人遂不得不改变“突贯攻击”的战法为“分进合击”。在武汉失守之前，敌人以千人以上兵力向我合击者已有十余次，以万人以上围攻我一个地区者已有五次，企图乘我立足未稳，抗日根据地尚未臻于巩固之际，一举加以摧毁，以扑灭华北抗日游击战争的火焰；但这些合击都在我集中力量，打击一路之敌的战役指导下，一一被我击破。根据地在反围攻中逐渐巩固起来，我八路军也日益更加强大起来。

敌人为了巩固其占领要点，便利对我作战，吸吮我物资以达其“以战养战”的目的，乃开始修筑铁路，至一九三八年底，被我加以破坏而敌人重行修复的铁路，有平（北平）绥（远）线，平（北平）汉（口）线，北（平）宁（辽宁）线、津（天津）浦（口）线、同（大同）蒲（州）线、坨里（良乡至坨里）支线、西陵（高碑店至易县西陵）支线、六河沟（安阳丰乐镇至六河沟）支线、济宁（滋阳至济宁）支线、口泉（大同至口泉）支线等十线，约二七九二公里，新筑平（北平）古（北口）线一四六公里，合计二九三八公里。在部分地区，且已开始建筑碉楼据点，但为数还不多。

在华北的伪军，在抗战前即有李守信、王英与赵雷等组织的伪蒙军及冀东保安队。抗战初，大汉奸齐燮元成立靖安自治军（后改为治安军），初仅有四个连，至一九三八年底已扩大为五个团，为华北正规伪军的主力。此外，敌曾大事收编散兵、土匪、会门武装，组织伪皇协军、剿共军，以及伪护路保安队等。至一九三八年底，华北伪正规军与伪地方军合计约有七万人。但系统复杂，素质低劣，在我游击战争开展之下，多半（估计约四万五千人）为我八路军所消灭。

②友军情形

抗战开始，华北战场上的友军，有中央军、西北军、东北军、晋绥军等不下七十五万人，当时士气一般的还好，且也打过几次仗，比如南口之战、忻口之战，并有若干将领于作战中英勇殉国，如赵登禹、佟麟阁、郝梦令〔龄〕等。但国民党当局对抗战缺乏信心，更无远久打算，所采取的政策是单纯的片面的军事抗战，而不是发动民众进行全面抗战，在战略指导上，又是正面单纯防守，而不是运动战与阵地战相结合，而不是积极防守作战，更不承认灵活的游击战的战略地位，因而处于被动的，形成处处招架，也就是处处挨打的形势。再加以若干高级将领的贪生怕死，拥兵自肥（比如韩复渠〔榘〕不知搜刮了多少金钱，在敌人进攻时，不作抵抗，一味的保护着“私人财产”向后退却。晋绥军战斗力很差，但高级军官们个个会做生意，个个发大财，李服膺当敌人占领大同，距敌尚有几十里远时，就望风而逃，急急向雁门关以南撤退），因而形成不战即溃，日蹙百里。而太原、临汾、新乡相继失守，铁道城市被敌人控制以后，友军更溃乱不堪，争先恐后的抢渡黄河，就是当初高唱“守土抗战”的地方实力阎锡山先生的晋绥军亦全部退至黄河以西，被敌人遮断而留在敌后侧翼的，只有第九十三军（刘戡）的五六师，也是惊慌失措。至于平时鱼肉人民的官僚政客，一闻炮声，即携带妻妾细软，逃之夭夭。而难民伤兵，军需器材，全被遗弃。更有摇身一变，奴颜卑〔婢〕膝以事敌人者，如王克敏、齐燮元、潘毓桂之流。人民目睹心伤，悲愤莫名。

③我方情形

抗战开始时，红军有官兵八万人，八月二十五日奉军事委员会命令改编为国民革命军第八路军，只给三个师的番号，按四万五千人编制和发饷，即一一五师、一二〇师、一二九师的番号。九月我们自韩城、潼关两处渡过黄河，沿同蒲路北进，踏入了华北战场，增援前线。当时，我们就知道中国抗战是长期性的，提出了“坚持华北抗战，八路军与华北人民共存亡”的基本口号，我党领袖毛泽东同志也给我们规定了作战指导的基本原则，“基本的游击战争，不放松有利条件下的运动战”，因而根据敌我装备上的优劣悬殊，留置敌后进行长期战争的艰苦环境，以及我们具有发动群众进行游击战争的丰富经验与特长，只有在此种作战指导原则下，才能制胜敌人，这已是被七年的战争实际所证实了。

我军先头部队，第一一五师师长林彪、副师长聂荣臻率领，甫抵前线，一与敌人接触，即创造了平型关大捷。我军在运动战中，击溃敌精锐的板垣师团，歼灭其一个联队，创开战以来的胜利记录，一扫友军节节败退的耻辱，大大振奋了全国人心。平型关战斗使敌锋受挫，但敌人已自茹越口友军防地突入长城以南，我军旋即迂廻敌后，猛袭敌交通线，配合友军忻口作战，保卫太原。此时，我一一五师光复冀西、察南十余县，一二〇师数度占领雁门关，一二九师则袭入阳明堡飞机场，焚毁敌机二十四架，敌人后方的交通联络线全被我军切断，忻口被围之敌，粮弹俱绝，死伤极重，大有歼灭可能。狡诈之敌，乃由石家庄沿正太路西进，进犯娘子关，声援忻口之敌。我一二九师闻警驰援，尚未进抵阵地时，该关友军已弃守，刘师长、徐副师长机断行事，在正太路南平行路上之七亘村、黄岩底、广阳连打了三个胜仗，打开了敌人阵地的一个缺口，救出被围友军曾万钟之第三军，阻滞了敌人的西进，掩护了友军的撤退。但不久太原失守，遂使忻口敌人获救，至为可惜。

在此以前，我军在华北的作战，主要尚系配合友军行动。在此以后，我军在华北即开始单独作战，进行独立自主的抗日游击战争。

太原失守前，我军已预见华北之将沦为敌后，故即确定方针：“变敌后为前线，发动广大群众，创建敌后抗日根据地，开展抗日游击战争”。迨太原失守，即有计划的将兵力分置于同蒲路两侧与雁北敌后，以五台山、太行山、吕梁山、管岑<涔>山等为依托，从事创造抗日根据地。对于敌人之围攻与合击，我则以游击战与运动战相辅以对抗之，使敌人找不到我固定阵地与固定阵线，常常扑空，我则灵活集中兵力，乘敌之隙，打击其一路，予以坚决粉碎。如敌人对晋东南和晋察冀的围攻，均合击一个中心点，待敌进至转换线上，我主力即跳出圈外，集中力量打击其一路，使敌人在尚未进抵中心点时，即被消灭与击溃。同时，我遣军东下冀鲁豫大平原，北出绥、察、热、冀东、长城口外，光复祖国河山，拯救沦于敌人铁蹄下的人民，协同中国共产党的地方党部与爱国人士，配合人民的抗日武装起义，开展抗日游击战争。在光复的国土上，我们即建立抗日民主政府，安抚流亡，救护伤兵，实行二五减租，废除苛捐杂税，实行廉洁政治，发动广大民众，团结各阶层人士，帮助友军进步……所有这些，都是为着增强抗战力量，树立长期抗战的基础，把华北创造成为坚韧不拔的抗日基地，使中国抗战在正面战场以外，更增辟出一个敌后战场，以便前后夹击敌人，制敌死命。

在这一时期，我军为配合徐州、武汉两大会战，一方面坚决粉碎敌人对我新建根据地的“扫荡”与围攻，消灭敌有生力量，牵制敌人的调动：如一九三八年三月晋东南一二九师反对敌人九路围攻，长乐村一战，歼灭敌苫米地旅团主力，并使敌由同蒲路调兵东援徐州发生很大的困难；九月晋察冀军区聂荣臻部反对敌三万兵力的二十五路围攻，曾击毙敌常冈宽治旅团长，与正亚、清水两联队长……另一方面，我军又主动的向敌交通干线、战略要点进击，并扫荡日寇所培植的爪牙——伪军。计一九三八年初，晋察冀我军大破平汉路北段，袭入保定、定县、望都、正定等县城；二、三、四、五月，一二九师破袭平汉路、津浦路，在南宫赶跑敌清水司令，消灭盘踞河北伪军崔培德等约五千人；三月三十一日，一二九师伏击东阳关与涉县间的响堂铺，焚毁敌汽车一百八十辆；山东我军在台儿庄会战正钳［酣］时，破击鲁南之台（儿庄）潍（县）公路，台（儿庄）枣（庄）铁路支线，发动矿工起义；七月六日起，晋察冀我军同时出击平绥、正太、平汉诸铁路，激战三天二晚，毙伤敌千四百余人，炸毁北平城北〔西〕石景山之发电厂，使北平顿成黑暗世界；七月十六日，唐山矿工在我军领导下，发动抗日起义；七七抗战一周年，我宋、邓支队进入冀东，冀东人民在共产党领导下，爆发二三十万人的大起义，占领遵化、玉田、迁安等十余县城；我一二九师所部主力进击平汉路、道（口）清（化）路，消灭冀鲁豫伪军扈全禄部；九月，一一五师陈旅在晋西三战汾（阳）离（石）公路；八月十三日，山东我军袭入济南；十月三日，山东我军又破坏胶济路百余里……等。

由于游击战争之广泛开展，反“扫荡”作战的连续胜利，人民抗日情绪空前高涨，纷纷要求参加八路军，我军力量倍增，声威愈壮，活动区域东临渤海、黄海，北达冀东长城口外，南至陇海路，西襟黄河，数大抗日根据地基本形成，在抗日民主政府确实管辖下的人民，为数达千万之上。

第二个时期——武汉失守至百团大战（一九四〇年八月二十日）

①敌方情形

敌人在未占领武汉之前，已深感八路军在敌后的严重威胁，认为是灭亡中国的“绊脚石”，一九三八年八、九月时，敌华北派遣军即提出“五台与武汉并重“的口号。敌人占领武汉以后，立刻改变战略，对国民党正面战场以政治诱降为主，军事进攻为辅，而将其战争重心放在对敌后八路军的进攻。从此，中国抗战的两个战场——正面战场与敌后战场——即以敌后战场为主。

此时期内，敌寇回师华北，兵力骤增，一九三八年敌寇在华北战场的兵力为十八个半师团，曾调走第五、十、十四、二十、一〇九等五个师团参加武汉会战，但旋即新增第三十二、三十五、三十六、三十七、四十一师团，第六、七、八、九、十、十五混成旅团，及第二十师团之一半等计八个半师团，因而此时期内敌人在华北战场的兵力为二十二个师团，四十四万人，较抗战第一年（一九三七年）增加了九个半师团，较抗战第二年（一九三八年）增加了三个半师团，占当时日寇侵华总兵力（一九三九年初为四十八个师团）之一半稍弱。

为了加紧进攻，敌曾二易其帅，由寺内寿一而杉山元而多田骏。其间阴谋层出，花样翻新。由于“速战速决”的计划破产，加以在上一时期敌人已饱尝我们的老拳，知道八路军和华北人民是个很“讨厌”的敌人，敌改唱“百年战争”，说要“掌握民心”，与我“进行比赛忍耐力的斗争”。这自然是十分可笑的，因为任何延年益寿的仙丹灵方，也不能使日本法西斯有百年之寿。一九三九年春，敌华北派遣军颁布所谓“治安肃正计划”，提出中国内战时期“反共英雄们”所早已唱滥的“三分军事，七分政治”的方针，强调“军政会民一体”的“总力战”。在军事上提出“巩固点（城市）线（铁道、公路），扩大面的占领”的方针。一九三九年九月多田骏上台后，更提出“竭泽而渔”的“囚笼政策”，实行“分区扫荡，分散布置，灵活进剿的牛刀子战术”。“牛刀子战术”为一日本术语，即中国语：“杀鸡焉用牛刀”之义，表示八路军虽“小”，但需要很大的力量去进行战□，在政治上则高唱中日

“同文同种”，说什么“黄种人联合起来打倒白种的英美”，在敌占城市举行反英美宣传，并把侵略中国的战争叫做“打回祖国去”，对于老百姓则大烧、大杀，以辣椒水灌鼻，强迫人民承认“不抗日”“反对共产党、反对八路军”“反对英美”，一经承认则又施以小恩小惠，以事笼络，称之为“威德并用，软硬兼施”。在经济上，敌对我解放区施行严密封锁，说要陷我于“无衣无食”“自生自灭”，这种封锁政策以后长期继续，从未放松。敌人用这种军事、政治双管齐下的毒辣办法，猛烈的向我们进攻。

战局是空前紧张，“扫荡”是大大加紧了，北起冀东及大青山，南迄黄河冀鲁豫，到处都爆发全面的“扫荡”与反“扫荡”，抗战第二、第三两周年，敌对华北千人以上的“扫荡”有一〇九次之多，使用兵力在五十万左右，其间一万人至二万人的“扫荡”有七次，三万人以上的“扫荡”有二次，还有一次六万人以上的大“扫荡”。

配合这些“扫荡”，敌人疯狂的实施“囚笼政策”，大事修筑铁道、公路、据点、碉楼。一九三九至一九四〇两年中，敌修复的铁路有同蒲、正太、胶济、道清、汾阳（平遥至汾阳）、微水、博山（张店至博山）、阳明堡（至原平）、周口店（琉璃河至周口店）等线，计长一八七〇公里，新建铁道有白（圭）晋（城）、石（家庄）德（州）、新（乡）开（封）、凤山（南张村至凤山）、西佐（马头至西佐）等线，计长四七七公里，合计二三四七公里。新建公路有平（北平）大（沽口）路，唐（山）大（沽口）路，邢（台）济（南）路，邯（郸）济（南）路等，计长一五六〇〇公里。新建碉楼、据点二七四九个，一九四〇年即较一九三九年增加四倍。

所谓“囚笼政策”，为德国塞克特的“堡垒政策”与清代曾国藩“步步为营”政策的结合，以铁路为链，公路为环，据点为锁，给敌占区人民加上一副深重的枷锁。在“囚笼”之内，强化伪政权，组织伪自卫团，历〔厉〕行“人质”政策，掠夺粮食、棉花，倾销海洛英毒品，强迫人民种植鸦片。但无论什么办法也不能阻止人民的公开的和隐蔽的破坏和反抗，有八路军已解放区的支持，敌占区人民是绝不愿当“顺民”的。比如敌军散发鸦片种子，老百姓将它在蒸笼里蒸熟之后，再撒播在田里，自然不会发芽，敌人莫明其妙，大叫“皇军倒毒，皇军倒霉”。对于我根据地说来，“囚笼政策”则是封锁、割裂、蚕食、“扫荡”我根据地的依据。白晋路的贯通，把晋东南划成太行、太岳两区；平汉路封锁沟墙的修筑，断绝我山地与平原的物资流通；而在平原地区大修公路，将我平原根据地割裂成井字、王字、田字形，缩小了我军活动的回旋地区。此外，敌人还专门修筑了一种圆形或螺旋形的公路，以为包围合击我军的基线。在敌人进行修筑“囚笼”之前，必先以兵力向我“扫荡”，迫我让路；而“囚笼”筑成之后，“扫荡”遂更有所凭借，故“扫荡”愈繁，“囚笼”愈密，而“囚笼”愈密，“扫荡”与〔愈〕烈。这是华北战场敌寇活动的规律。

“囚笼”政策的实施，使敌人产生另一弱点，即兵力愈加分散，更感不敷应用，而此时由于汪逆精卫之投敌，敌人遂更加强化其“以华制华”的政策，大量的有计划的培植伪军，繁殖其爪牙，并开始将伪军加以整顿，小股的合为大股。一九三九年下半年，更采取“精兵之〔主〕义”，放弃过去的乱编办法，改“皇协军”为“剿共军”，改“靖安自治军”为“治安军”，并加强伪军训练，提高其战斗力，使之协助据守公路据点，配合“扫荡”及进行清乡，时常以一班敌军控制一排伪军而据守一个小据点。同时，又大量建立伪军之地方部队，如伪县警备队、伪警察、伪保安自卫团等，又建立爱护村和历〔厉〕行连坐法，协助敌人守望道路、电线。连坐法为古代专制魔王及内战时期“反共英雄”所用的“一人犯事，十人同罪”的杀人不眨眼的老办法，以期根绝抗日分子。至一九四〇年底，华北伪军为数已达十四万五千人，较第一时期内约增加一倍，而国民党军队这时已有投敌被改编为伪军的，如驻防绥远的三十五军游击支队丁其昌、东北挺进军白凤翔，相继率部约一万三千人投敌，豫北的CC分子张昆峰，也率部数连叛变，使伪军的势力更加扩大。

②友军情形

国民党当局在武汉失守、汪精卫公开投敌之后，政治即开始倒退。他们错认日本人再不会向他们进攻，他们的主要敌人是共产党、八路军，而不是日本人。因此，把抗日政策改变为反共、反民主、反人民政策，专制独裁，倾向法西斯。一九三九年六月，颁布了钻进共产党内、破坏共产〔党〕的“限制异党活动办法”；九月，又颁布了可用军事进攻对付共产党的“异党问题处理方案”，此后，共产党遂被称为“奸党”，八路军遂被称为“奸军”或“匪军”，敌后解放区被称为“匪区”。抗战初期，他们曾将华北弃如敝屣，但到了八路军艰苦作战，解放沦陷国土，打开一个抗日局面之后，他们又忌恨丛生，纷纷遣军北上，要再从抗日人民的手里去“收复失地”。这些被派到华北的国民党军队，其目的不是为了抗战，而是为了“反共”。因此这一时期他们在抗日方面，几乎什么都没做，做出来的都是反对共产党、八路军，危害抗战的罪行。

他们一方面下命令要八路军退过沧石路、正太路以北之线，一方面调集大军二十六个师，以中条山为基地，杂牌军为先锋，嫡系部队在后督阵，自南而北向我迫来，以与当时日寇的由张家口、北平一线、自北而南的向我军”扫荡”遥相呼应。而旧日被敌截留于敌后的石友三、张荫梧、秦启荣、赵云祥、胡和道等，当其托庇于我军之时，皆曾相安无事，此时在国民党当局反动政策的指使和特务活动的阴谋下，也就勾结敌寇，袭击我军后方，杀害我官兵，破坏我抗日根据地，破坏对敌作战。此时我军处于敌寇和国民党的两支大军夹击之中，前门拒虎，后门进狼，处境十分艰危。同时，当局又下令取消各地民选的抗日政府，连国民政府既经承认的晋察冀边区政府 < 也 > 企图加以取消，硬派一批法西斯分子充任县长专员，压迫民众抗日运动，解散群众抗日团体，暗杀活埋抗日干部家属，摧毁一切抗日民主秩序。陈立夫、戴笠、康泽的特务系统更派来大批特务，混入解放区，造谣惑众，放毒暗杀，无所不用其极。至于我八路军，每月应得六十三万元，也从此取消，再无分文发给。总之，种种倒行逆施，使志士侧目，寇奸弹冠，记得当时北平敌伪还曾召开过一个庆祝会，庆祝国民党当局的“反共”战绩。

对于国民党当局的这种“内战内行”的措施，我共产党、八路军起初曾一再忍让，据理交涉，希以团结抗战为重，勿令盟邦失望，并陷民族于万劫不复，但竟未获见谅，反被目为“示弱”，而进攻愈急。有些人甚且高唱“曲线救国论”，决心“联日反共”，释其卖国行为为“先联合日本，打倒八路军，然后再行抗日”。在如此“反共第一”的政策下，终于爆发了一九三九年冬的第一次反共高潮，国民党军队正式的向我们开火。当时情势紧急，迫不得已，乃对向我总司令部所驻之地进攻的朱怀冰的一个军予以还击。朱军起初声势汹汹，作战时自有日本飞机配合助战，暴露其与日本军联合进攻之事实。全军官兵多数愤慨，一经接触，其内部即土崩瓦解。朱怀冰本人身为军长，竟经敌驻之邯郸，由平汉路、道清路坐日本人火车回大后方，至今尚在我大后方作官，诚如咄咄怪事！这次磨擦与反磨擦斗争，不仅是民主与反民主斗争，而且是抗战与投降之争，这在以后看得更加明显。如果我军当时未能妥善应付，克服反共投降高潮，则华北早已被国民党断送给日本，决不会再有今日敌后抗战形势，也不会有今天全国抗战形势，更不会有与英美盟邦共声正义，打倒日本法西斯的共同事业。

③我方情形

武汉失守后，中国抗战的正面战争〔场〕进入相持阶段，华北的局面遂一天更比一天艰苦。这时期内，我们坚定不移的坚持华北抗战的既定方针，努力巩固各个抗日根据地。在军事作战指导上，针对着敌人的“联合扫荡”与“囚笼政策”而着重进行游击战与运动战相辅的反“扫荡”战与军民结合的“交通破击战”。

反“扫荡”战，此时期内在全华北展开。在晋察冀，一九三九年五月，敌人向边区北部进攻，我在上下细腰与大龙华打了两个大胜仗，敌遗尸近千；九月，敌向我腹地陈庄突进，被我包围歼灭千余，敌水原旅团长，即于是役毙命；十月，敌以二万兵力，分十二路向边区进攻，血战四十三天，将敌击退，并于涞源战斗中，毙敌阿部规秀中将，此为中国战场上打死敌人中将级军官之第一次，敌酋多田骏在追悼阿部之挽联上写到〔道〕“名将之花，凋谢太行山上”。在冀中，曾粉碎敌人的五次围攻，一九三九年四月在河间齐会战斗中，我贺师中毒负伤，为国际公法所禁止使用之毒气与达姆弹，敌寇在中国战场上于一九三八年就开始使用了。在冀察热、平西，于一九三九年一月至六月，粉碎了敌人三次“扫荡”；冀东于一九三九年三月粉碎了敌人的大举“扫荡”；七月间，我平西挺进军派一部队伍越平绥路深入平北，在明代十三陵地区创造游击根据地。在晋冀豫，一九三九年七月，敌以六万之众发动九路围攻，贯通白晋路，深入我腹地，进占所有城市，企图“釜底抽薪”，一举摧毁我根据地，但终为我所粉碎。在冀鲁豫，敌于一九三八年至一九三九年年底，连续发动四次大“扫荡”，兵力由万五千至三万不等，并配备有机械化部队，也终归失败。一九三九年二月，刘师陈赓之一部，在威县香城固，创造平原歼灭战，一小时内歼敌两个中队。在山东，自我一一五师之一部于一九三九年春挺进山东后，战事即告紧张；六月，敌以二万兵力合击沂蒙山区，为我击破；八月梁山战斗，我以一个营歼敌三百余；一九四〇年一月，敌以三万人“扫荡”鲁西南，又为我粉碎。在晋绥边区，一九三九年二月，粉碎万余敌的六路进攻；六月，我一二〇师三五八旅，歼灭静乐敌六百余；大青山区，也粉碎了敌人的两次“扫荡”。此外，在此两年中，敌曾七次进犯我陕甘宁边区河防，悉为我河防部队与一二〇师健儿联合击退。在这些胜利的反“扫荡”战中，我们的抗日根据地便日益巩固起来了。

为了破坏敌人的“囚笼政策，我们发动了“交通斗争”。“交通斗争”不仅是军事斗争，而且是群众斗争，唯有军队与人民结合，协助破击，才能收到宏大的效果。这一斗争，起初是将重心放在平原，但也不放松在山岳地区的破击战。在山区，我们曾主动地发动白晋战役、邯长战役、平汉战役等，破坏敌深入我根据地的交通线，摧毁平汉路两旁的封锁沟墙。有〔在〕平原，我们整年的从事有计划的交通破击战。在组织上，有军、政、民破路委员会的统一领导机关；破击时划分一定地段，且有指挥、掩护、联络、侦察警戒、破坏等之具体分工；破击性质，有战术性的破击与战略性的破击；破击时机，有季节性的破击（如春季泛滥时期、秋季青纱帐时期以及“扫荡”前后等）与随时的不间断的破击。特别是对沧石路、石德路的破击，冀中、冀南均各动员五万人以上，坚持时日甚久，敌人的修路计划为之推迟半年。

总计抗战第三周年，八路军在华北共破坏铁路五三二〇里，公路一六四〇八里，毁电杆四二二二〇根，收电线二一八四九三斤；抗战第四周年，计破坏铁路二一六四里，公路一〇四八三里，毁电杆二三四五〇一根，收电线一四〇六五三二斤。平均每天破坏铁路六里，公路三十里，桥梁一座半。差不多每七天炸毁敌人一个火车站，九天炸毁敌人一个火车头，每天炸毁敌人一辆汽车，每天毁电杆六四二根，收电线三八五三斤。仅抗战第四周年所破坏铁路的长度，就将及一条平绥路，或一条半同蒲路，二条胶济路，给敌人的“交通建设”的打击之大，是不难想见的。

在平原地区作战，不仅要破坏敌人的“交通建设”，而且要挖掘道沟，以改变平原地形。道沟深六尺，宽五尺，刚好可通牛车，沟外有胸墙，以便我军凭之作战，沟内每隔一里挖一圆形或弧形沟，将积土堆在中间，既使敌人无法顺沟之纵深以行射击，而人马又可在此让路。一九四〇年，河北平原已纵横皆是此种道沟，据冀中第八行政区统计，已挖成的此类道沟，占所有道路的百分之八十二。有了道沟，我方可在沟中隐蔽运动，人民也可经由道沟行走，而敌方则遇到意想不到的困难，汽车装甲车不能畅行，速率降为与步兵相等，平均每小时只能走八至十二里。这样就消灭了敌人快速部队的优点，迫其像步兵一样的与我们作战。

拔除敌人据点，为反对“囚笼政策”的重要组成之一，据冀南经验共有六种办法：（一）常用袭扰、袭击、强攻以袭敌：（二）钓鱼，即诱敌外出，以伏击之；（三）狐狸咬鸡，即埋伏于据点附近，待敌出来时给以意外的突然袭击；（四）利用坑道进行爆炸；（五）地道战，即在村庄内普遍挖地道，其内有横墙，并村与村相通，洞口多为隐蔽，内有储粮储水及防毒设备，如黄蜂窝形，敌来则利用此地道以进行战斗，少数敌则消灭之，大股敌我则从地道中进行转移，伺机以打击之；（六）利用地窖封锁，并利用坑道钻入敌人据点内打击敌人。

为了更进一步的打击敌人的“囚笼政策”，大量牵制敌人的兵力，破坏敌人进攻西安、昆明、重庆的计划，以及克服当时严重存在的国民党当局内部的投降危机，我军于一九四〇年八月二十日发动了轰轰烈烈的百团大战。这是一个主动的大规模的战役进攻，系在统一的计划下各地区同时发动的，时间历三月又半，使用兵力达一百〇三个团，战线之阔，包括有晋、冀、鲁、豫、察各省。先后受我打击的敌军有第一一〇师团，二五师团之全部，第二十六、三十六、四一师团之各两个联队，第三七师团、三五师团之各一联队，第一、二、三、四、五、七、九混成旅团之全部，第六、十五混成旅团之各一部。平汉、津浦、同蒲、正太、平绥、胶济、白晋、石德等八大铁路，均被我破坏得支离破碎。

此役共分为三个阶段，第一阶段自一九四〇年八月二十日至九月十日，为交通的总破击战，重点是在正太路，我晋察冀军区部队与一二九师主力，同时通过深入和〔我〕根据地的纵深堡垒线，突然出现于正太路上，以有组织的行动，扫清沿线据点之敌人，将沿路的重要桥梁、车站、隧道、水塔等彻底破坏，铁轨枕木或毁或焚，敌半年后始完全修复。第二个阶段自九月二十日至十月下〔上〕旬，继续进行交通破击战，将重点置于交通线两侧和深入我根据地内之敌据点和交通线，其中大的战役有晋冀豫的榆辽战役，晋察冀的涞灵战役，冀中的任丘战役，冀南的破击石德路、邯济路，晋西北的同蒲路之宁武南北段的破击等。第三阶段自十月六日至十二月五日，以反“扫荡”战为中心，在各地次第展开了大的反“扫荡”战，时间不一，此阶段内我军又打了几次歼灭战，如关家垴歼灭战等。

在百团大战这个大的进攻战役中，我军毙伤日军二〇六四五人，伪军五一一五人，俘日军二八一人，伪军一八四〇七人，消灭敌据点二九九三个，破坏铁路九四八里，公路三〇〇四里，桥梁二一三座，火车站三十七个，煤矿五所，仓库十一所，争取伪军反正者一八四五人，日军投诚者四七人，解放煤矿工友一〇一二〇人。

百团大战充分显示了中华民族潜有力量的无限伟大，并证明毫无接济的八路军是中国抗战的主力，整个中国战场，抗战以来，从来没有过这样大规模的战役进攻。

第三时期——百团大战后（一九四〇年底）至抗战五周年（一九四二年七月七日）

（一）敌人情形

百团大战使敌人大为震动，惊呼“对华北应有再认识”。多田骏因其“囚笼政策”之破产而滚蛋，继任者为冈村宁次，提出“治安强化运动”的方针，取消战争初期“剿共灭党”的口号，而为致力于“剿共”。所谓“治安强化运动”，实系“治安肃正”之演进，意即强化其对华北的进攻、统制、奴役和掠夺，把华北变为日本法西斯的殖民地。太平洋战争爆发后，敌人更提出“完成大东亚战争兵站基地，建立华北参战体制”的方针，企图将华北作为日本法西斯侵略太平洋的兵站补给基地。

此时期内，敌人抽走了第二一、四一师团去参加太平洋战争，第三三师团也曾一度抽走，但不久即被调回，此外又新增了第十七师团，并将第十、十六混成旅团扩编为第五九、六九师团，经常保持着十五至十七个师团的兵力在华北。

在“治安强化运动”之下，敌人以“囚笼”为依托，将华北划分为三种地区：“治安区”（即敌占区），“准治安区”（即敌我争夺的游击区），与“非治安区”（即我抗日根据地），而施行不同的政策。对“治安区”以“清乡”为主，强调“乡村自卫力之强化”，县筑县界沟，乡筑乡界沟，强化保甲制度、连坐法，用圈村办法编制大编乡，肃清内部的“不稳分子”（抗日分子或动摇分子），掠夺粮食物资，以一切方法巩固其占领区，强化其奴役的统治。对“准治安区”以“蚕食”为主，恐怖与怀柔兼施，强迫居民“接头”“维持”，或制造“无人区”；并在这些地区广修封锁沟墙与碉楼，防止我军深入游击区、敌占区活动。对“非治安区”则以“扫荡”为主，实行杀光、烧光、抢光的“三光政策”，严重的摧毁和破坏，企图在人民中制造失败与悲观的情绪。在“扫荡”作战的战术上，则有所谓“铁壁合围”“捕捉奇袭”“纵横扫荡”“反转电击”“辗转抉剔”等。而“清乡”“蚕食”“扫荡”三者又是密切配合的，“清乡”以巩固其占领地的“治安”，限制我军活动；“蚕食”以伸张扩大其占领地，缩小与割裂我根据地，以便其进行大的“扫荡”；而“扫荡”的目的则是摧毁我抗日根据地，消灭我八路军主力，以便“确掌华北”。这便是敌人政策的中心目的。

在敌人的千奇百怪的阴谋进攻之下，华北战场的敌我斗争，愈演愈烈，至为复杂，至为残酷，非目睹者所能想象。以“扫荡”而言，抗战第四、五两周年，敌人对我根据地实行的千人以上的“扫荡”达一七四次，较前两年增加三分之二，使用兵力达 838,900 人，较前增加一倍。其中一万人以上的大“扫荡”达十五次，亦较前增加一倍。“扫荡”的性质也愈演愈为毒辣，有所谓“毁灭扫荡”、“抢粮扫荡”等，时间有延长到两三个月的，企图彻底破坏我抗日根据地内人民的生产、收割，消灭我之“生存条件”，情形是十分严重的。

同时，“囚笼政策”仍然是继续强化。一九四一——四二年新筑与修复之铁路七五二公里，公路发展至三七三五一公里，封锁沟墙增加至一一二三〇公里，新增据点碉楼共七八〇一个，尤以平原地区为最繁密。一九四二年十月，敌华北派遣军参谋长安达十三谈话：“华北碉堡已新筑成七千七百余个，遮断壕也修成一万一千八百六十公里之长，实为起自山海关经张家口至宁夏的外长城线的六倍，地球外围的四分之一”。其所耗工程之巨，扰民之苦，是骇人听闻的。这些堡垒、沟填〔壕〕，都是拆老百姓房屋的木料，毁老百姓的田地，强迫老百姓的劳力而修筑起来的，被抓去的老百姓，二三十人一起做工，稍有怠慢，敌兵即用皮鞭抽打，并有以水泡石灰，使之滚热，将怠工者抛入，而被脱皮烧死的。

由于前一时期敌我“交通斗争”与百团大战的惨重打击和教训，敌人对于交通线、据点的建筑和保护，也采取了许多新的办法。比如，填高铁路之路基，路轨不用螺旋钉钉在夹板上，而改以死钉钉死，使不易拔取与破坏，又在重要地段附近预置铁轨器材以便遭我破坏后迅速修复。公路两旁挖护路沟，深八尺，宽一丈二尺，许多重要公路且筑有平行路，此条遭破击，另一条仍可通行。电杆用钢骨水泥之建筑保护，上悬路灯，每隔三五里置一电话机，不断的联络通报，碉楼筑外壕，架铁丝网，最重要的且通以电流。最毒辣的是利用编乡保甲，强迫敌占区人民分段保护交通，要他们晚间放哨当“内［肉］电杆”，哪一地段遭到破坏，即由该地段附近村庄负责修筑，赔偿损失，甚至屠杀人民，以为报复。这些，就使我们在破坏敌人交通上增加很多困难。

由于交通线与据点之增加，需要更多兵力配备，同时敌人企图抽调兵力增援太平洋，乃更加大大地扩充与整顿伪军，虽有我军之争取与瓦解，华北伪军在一九四二年仍达三十四万之众，尤以山东为多，占十五万七千人，多半是由国民党地方武装哗变投敌的。国民党在敌后，为敌人培植了不少爪牙，增加我抗战军民的许多困难与负担。

但这一时期，敌人也发生了许多新的困难和矛盾。主要的是：（一）“治运”之推行，奴役与掠夺分外加紧，民族矛盾空前增长，敌占区人民，无论哪一阶层都感到无法照旧生活下去，均增加了同仇敌忾之心，便利于我对敌占区工作的开展；（二）交通线与据点之增殖，敌人兵力不足的弱点愈益暴露，不能不更多的依靠伪军，并分散配备，只得将旧据点的兵力抽到新据点去，使其后方更加空虚，为我造下更多的活动余地，至于伪军的“不可靠”，更是敌人不可挽救的悲哀；（三）日军厌战情绪比以前严重，士气比以前低落，特别是太平洋战争爆发后，不少敌兵感到返国无望，悲观沮丧与不满情绪，日益增加。

我要在这里代表华北万万同胞，控诉日本法西斯的罪行。这一时期，日寇在绝望之中疯狂暴行达到登峰造极的程度，决非世人所能想象。这种暴行并非个别日本士兵的行为，而是日本军部有计划的杰作，反之，有许多日本士兵倒是不愿意而被强迫干的。这个杰作的名字，就是一提到都令人热血上涌的所谓“三光政策”。在“扫荡”中，凡敌人兵行所遇，人、畜、财、物、田产一扫而光，无一幸免，许许多多的村庄都成了废墟。杀人之惨，较之吃人生香的希特勒，有过之而无不及，许多平白无辜的老百姓都被杀掉。八路军兵士或抗日干部被俘虏了，只有死路一条。有用以训练新兵射击或刺杀作活靶的，有用以训练战犬作猎物的，有被活埋的。杀人的方法更是多种多样，有滚水剥皮的，有挖眼睛的，有抽舌头的，有摘心肝的，有“五牛分尸的”，有将人挂在树枝上割为两半的。小孩子也被杀掉，并有剖开孕妇之腹以取出胎儿杀戮的。对于妇女的侮辱，更为古今中外所仅有，强奸之后，有割其阴户钉在树上的，甚至强迫父淫其女，子淫女〔其〕母，以为作乐取笑，颠乱我中华民族的人伦和道德。虽疯狂的野兽，也赶不上日本军阀的残暴。敌人梦想其残暴兽行，可收震慑人心、动摇我军民抗战意志的“功效”；但结果适得其反，我全体军民对日本法西斯的仇恨是更加深重，抗战意志是更加坚定，只有消灭日本法西斯才能获得解放，这笔“血债是要用血来偿还的”。我们希望在打败日本以后，能把在华北作恶的那些日本法西斯刽子手，[能]交给华北人民来公审制裁。

（二）友军情形

在第一次反共高潮后，友军遍布于晋、冀、鲁、豫各省的，号称八十万大军，实际上约有四十八万至五十万人。计中条山周围有曾万钟、刘茂恩、李家钰等集团军约二十五万人，晋冀豫交界地区有庞炳勋、孙殿英集团军及地方纵队约八万人，山东于学忠、沈鸿烈、秦启荣部及地方保安队约十五万人，此外还有阎锡山部队之一部。

国民党军队在华北的这个数目不能算小，但他们采取的方针仍是“反共第一”。他们认为敌人“不足虑”，在剿共中容易与敌订“无言协定”（反共将军李仙洲语），因而对敌人则一味观战、招架与应付，求得“和平共居”，更有暗地与敌人谈判投降条件，信使往返于平津、太原、新乡，大摇大摆，毫不以为可耻。而对八路军与抗日人民，则想之若眼中钉，所谓中条山抗日基地实际上主要还是反共基地。庞炳勋窥我太行，阎锡山于第二次反共高潮时（皖南事变），复派四十三军与六十一军袭我太岳，一九四二年李仙洲之率部奉命入鲁，也是为了反共。

敌人抓紧友军之“反攻第一”的特点，采取诱降与威逼相辅而行的方针，在“和平”谈判不成，即继之以军事压力。一九四一年五月七日，敌人发动中条山战役，友军既以“反共”为事，对敌人作战就毫无准备，致使不三日而敌人尽占温、孟、济源、平陆、垣曲等县，全军溃散，被俘达十万之众，有第三十师师长公秉藩以及第三、九、十七、八〇、九三、九八军之各一部均行投敌，为数约二万二千人。与此同时，日阎谈判失败，敌人进攻晋西南地区，晋军骑兵第一军被击溃，第五十一军的一个团被消灭，骑一师师长赵瑞、骑二师的团长杨诚，都率一部投敌。

一九四二年六月，敌在“扫荡”太行我军之余，进攻陵川、林县，新五军暂三师的两个团溃灭，第二十七军四十五师溃不成军，预八师在当时仅得保存两千人，新五军副军长刘月庭率部三千人投降敌人。接着敌人又“扫荡”山东，东北军大受损失，第六十九军军长毕泽宇三个团（约五千人）投敌。这就是友军在这时期内的表现。

此外，这一时期内华北友军投敌者逐渐增加，其较大者有：冀察战区游击总司令孙良诚率部六千人投敌，山东警备处长孙玉田率部三个团投敌，暂编二师师长张步云率部八千人投敌，暂三十师师长赵云祥率部四千投敌，山东警备第三旅旅长CC份［分］子齐子修率部八千人投敌，新五军四师团长王天祥率部一团投敌。此外，较小的在冀鲁方面尚有杜心斋、吴恩胜、周长富、刘经川、高玉林、曹振东、苗春庭、黄砚璞、成建基、董鸿儒、徐斌彝、杜孝先、莫正民、高玉璞、蔡吾康、李岐山等多人率领地方武装投敌，给敌人大大扩张了实力，且其中不少为地方武装（保安队等），对地方情形熟悉，为害不小。所有这些人的投敌叛变，国民党当局从无有一纸明令讨伐或通缉，而这时却正是国民党当局高唱“军令军纪”唱得最响的时候，所谓“军令军纪”为何，也就不难了解了。

（三）我方情形

百团大战给予敌人以重大的打击，但我也支付了相当的代价。百团大战时，我军使用兵力的总数为四十万人，而一九四一年曾一度略有减少。同时，由于敌人在“治安强化运动”下，采取了一套新的特别野蛮和狠毒的进攻办法，而我们在初时，还缺乏充分的研究，缺乏一整套针锋相对的方策，因而也曾吃了一些亏。至一九四二年春，华北抗日根据地面积缩小了六分之一，人口锐减了三分之一，冀中、冀南平原游击根据地变成了许多小块的游击根据地，处于非常严重的局面，对于我们是一个很大的考验。但经过一个时期的斗争与锻炼，我们便积累了不少的经验教训，寻到了制胜敌人的办法，证明我们是经得起考验的。

我们的方针是：一面加强抗日根据地的建设，开展广泛的群众性游击战争，保卫根据地，同时针对敌人的“总力战”，我们也实行了政治、军事、经济、文化思想上的一元化的对敌斗争，实行“敌进我进”，“向敌后之敌后进军”，深入到敌人心脏里活动，打击敌人的封锁、割裂和蚕食，使敌人“变华北为兵站基地”的企图归于破产。如果详细说来，则可分别为在根据地、在游击区、在敌占区的三整套办法如下：

甲、在根据地

我们首先努力于抗日根据地的建设，因为只有根据<地>建设得好，抗日的力量增强，才能粉碎敌人的一切进攻。在建设根据地上，我们做的工作是：巩固抗日民族统一战线，加强各阶层的团结，实施三三制（即地主资产阶级、小资产阶级和无产阶级的联合）的民主政治；历〔厉〕行减租减息与交租交息，精兵简政，减轻人民负担，改善人民生活，提高人民的抗日积极性，提倡生产，发展经济，开展农业增产运动，分散建设手工业，保证基本生活必需品的自给，冲破敌人和国民党的经济封锁，发展文化教育事业，增设国民小学和中学，加强冬学等社会教育活动，帮助报纸书刊的出版发行，提高人民民族民主思想和对反法西斯战争的认识；加强军区建设，培养地方武装和民兵，将正规军分遣于各分区，并抽调部分军队干部和武器分配给地方游击队和民兵，帮助他们发展，帮助他们训练，以提高其战斗力，建设起正规军、地方游击队和民兵三位一体的军事机构。因而一九四一年我正规军数量虽有减少（但质量提高了），而县以下的地方游击队，和不脱离生产、又是兵又是民的民兵，差不多都较前发展了一倍。

在反“扫荡”作战方面，我们采取了“广泛的群众性游击战争”的方针。我们以一部分主力分散开来与民兵相结合，依靠地方游击队与民兵日夜和敌人扭打，敌进也打，敌退也打，不断的袭扰敌人，截住敌人，围困敌人。民兵利用土制的地雷、手榴弹和石雷到处巧妙地杀伤敌人，并实行坚壁清野，使敌人无所掠夺，以切实保卫人民的利益。同时，我另以有力部队转进敌后，破坏敌人交通，打断敌人之补给线，摧毁敌占区的统治机构，错乱敌人的作战布置，主动的制造敌人的混乱与恐慌，然后灵活的集结主力之一部，坚决消灭敌之一部，迫使敌人撤退，粉碎敌人的“扫荡”。这就是依靠地方武装与民兵有力的坚持我腹地游击战争，使二者作为主力有力配合的战法，此时期中之后期，许多敌人的大“扫荡”，都是在这种战法下粉碎的。

比如，一九四一年十一月，敌以六万兵力“扫荡”我晋察冀北岳区，敌人事先有周密的计划，首先在晋东北与冀西交界处的高山岭上，建筑起一条南北五百里长的封锁线，然后反复合击我腹地，以寻求我主力决战，我即在腹地展开了广泛的群众性游击战争，同时以有力部队出击平汉线，敌虽坚持了三个月的“扫荡”，但终于支持不住，鼠窜而逃，沿途又遭受我严重打击。又如，一九四二年四月，敌以五万兵力，发动对冀中平原的大“扫荡”，采取“拉网捕捉”的办法，企图歼灭我主力，但在群众性游击战的广泛开展下，其目的终归落空，唐河两岸地区虽为敌一时所控制，但不久在游击战争火焰的燃烧下，又把敌人在大“扫荡”中所获得的些微成果夺取回来了。再如，一九四二年五月，敌伪以八万兵力，对我太行山区实行“铁壁合围”，起初凶猛无比，但当我游击战争展开时，便疲于奔命，终于在我军不断袭击下，被赶走了。

（乙）在游击区

针对敌人的蚕食政策，我们向敌人开展反蚕食斗争。我们采取充分的群众运动和武装斗争的有机配合，实行“正面坚持和敌后配合”。在正面，我们组织联防线，以正规军、地方游击队、民兵三位一体的密切结合，乘敌立足未稳，给以坚决打击，斩断敌人的蚕嘴；在平原地区，堡垒林立，活动异常困难，我们便创造了黄蜂战，即以地道战（坑道和掩体）、坑道爆炸（掘至敌人堡垒下，以硝药爆炸）和地面的游击战结合，以保卫村庄；敌人每占领一个村庄，一条河流，都需支付重大的代价，比如争夺冀中藁无县的一个北堠村，敌人便死伤了七百多。在后面，我又以武装深入敌占区活动，激发群众的抗敌热情，推翻伪政权，使敌人腹背受敌，顾此失彼。此外，我又集结主力，乘敌之隙，坚决拔除深入我内地的敌据点，或袭占敌纵深据点，或围点打援，迫敌处于被动地位。如此对付的方法，至一九四二年秋，敌人的蚕食政策，即归于失败了。

（丙）在敌占区（或敌后之敌后）

以反清乡斗争为主。我们组织了武装工作队，越过敌正面的封锁沟墙、据点、公路，潜入于敌人的格子网内（囚笼里面），在“中国人大团结一致对敌”的口号下，与群众共商对敌斗争的办法，切实保护人民利益。

武装工作队是军队、政府、人民结合的一元化组织，也是军事斗争与政治斗争相结合的斗争形式。其成员包括军队中的中下级干部和模范战士、政府的负责人或工作人员、知识分子、敌工干部与日人反战同盟的战友等，组织精干、纪律严明，政治觉悟也较高。每个队员都是战斗员、宣传员、组织员，能打仗，又能独立作政治活动，分合自如，出没无常，敌人找不到他们，老百姓却经常会面，与敌人进行明的、暗的、文的、武的、动的、静的各种斗争，其最高准则是处处为人民着想，一切为着人民利益，为着抗战利益。

武装工作队在敌占区的经常工作，是发动与组织人民，展开对敌政治攻势。比如寄慰问袋给日本士兵；利用机会与日本士兵用电话通话，上夜课，占领敌人的会场，宣传我军与盟国的胜利战绩；访问伪军家属，通过他们以进行对伪军的政治工作。总之，用各种方法，燃起日伪军的反战火焰。打击敌宪兵队、特务队及死心踏[塌]地、鱼肉人民的汉奸，使之不敢随便入乡勒索人民，减轻人民的负担与痛苦，同时对于可以争取的伪军伪组织人员，也设法加以争取。摧毁伪政权、伪情报网，解散伪合作社、仓库，使敌失去统制、奴役和掠夺人民的爪牙。反对敌人的抓丁、抢粮，在敌人抓丁、抢粮时，予以袭击或截击，以解救壮丁，保护粮食等等。

武装工作队在敌占区活动，处处要取得人民的掩护与配合，因而宣传与组织人民为其经常的重大工作。比如，组织“反资敌联防线”、“哄鬼大同盟”、游击小组、“保家民团”等，增加真正的人民自卫力量，以数村或数十村互通声气，齐心对敌。武装工作队在一个地区活动得久了，在老百姓中生了根，就可以创造出隐蔽的游击根据地，把敌人占领的土地从敌人的口中挖出来。

如此反“扫荡”、反蚕食、反清乡三者结合的斗争，一方面粉碎了敌人的“扫荡”，停止了敌人的前进，使其压缩与摧毁我抗日根据地的计划失败；同时，又在敌后之敌后，解放出许多村庄，建立起抗日基地，把敌占区变为游击区以至游击根据地，使敌人的“治安强化运动”破产，“治安区”永远不安，其一切吸吮物资、征兵南下的计划均成泡影。比如，敌人一九四二年拟在华北征粮二千万石，结果其所得当不超过十分之一（太谷县预定征粮六万石，结果连抢带买只得三千石，仅及预征额的二十分之一）。在我政治攻势宣传下，日军士气逐渐下落，一有调往太平洋的风声，士兵们就愁眉不展，向人表示“死啦！死啦”的！山西、河北、山东各地，都一再出现日军集体自杀或失踪事件，石家庄、安阳等地还发生过日兵暴动事件。这样士气的部队，即是有一两个师团调往太平洋作战，效能也要降低。抗战第四、第五两周年，我俘虏伪军三三二六九人，反正的有九四八四人，此外，被我打散解放的伪自卫团与被征壮丁，则更不计其数。无怪乎敌酋和汉奸头子王揖唐都叫苦连天，说什么“华北因匪患不靖，兵站基地的一切使命均无法实现”。

这就是我们从敌我的生死斗争中创造出的一整套大办法，一整套战胜敌人的办法。

第四个时期——抗战五周年至今

这一时期的情形，由于交通困难，有些报告尚未收到，有些材料尚在整理，因而只能较简略的谈一谈。

（一）敌方情形

这一时期，敌人经常保持十四个师团左右的兵力。敌人进攻中原时，曾从华北抽调了第三七、一一〇师团和独立第七旅团、骑兵第四旅团。第一一〇师团原在石家庄地区，现已为敌新编师团所接替；独七旅团原在胶济路西端，已为申板旅团所接替；第三七师团原在晋东南之三角地区，现为第六九师团由晋中南移接替，而原第六九师团所驻之临汾、汾阳地区，现由第十三旅团和特务旅团所接替；骑兵第四旅团原在陇海线开封、砀山地区，现为伪军张岚峰所接替。此外，第三五师团他调后，新乡、开封及道清西段之防务，已由铃木旅团及第四旅团所接替。

在向我进攻的方针上，自“治强运动”破产后，一九四三年三月，敌提出新的诱降政策之所谓“对华新政策”。这是敌人“以华制华政策”的新发展，因敌占领南洋后，企图利用汪逆的臭招牌接管敌后，以所谓“民族形式和地方形式”来统治和进攻我国。同时，在华北敌占区，敌人还发动了所谓“新国民运动”，为“治强运动”的继续，不过其名词更较“温和”一些而已。

“对华新政策”的主要对象，是对付友党友军，并作为欺骗中国人民的幌子；而对于八路军的进攻和压迫，不但没有丝毫放松，反而更加疯狂和残暴。抗战第六、第七两周年，敌人对华北各抗日根据地的千人以上的“扫荡”共一七七次，使用兵力为六一六二〇〇人，万人以上的大“扫荡”二二次，使用兵力二九七〇〇〇人。此时期内“扫荡”的特点是以“铁壁合围”与“驻守清剿”相配合，即更带毁灭性与长期性。

在“对华新政策”的诱降下，华北友军大批叛变，敌人并以“青天白日”旗帜诱骗善良的农民参加伪军，伪军数量遂较激增，总数达四十七万，齐燮元的伪治安军，即由号称七个集团军扩大为十二个集团军。一九四三年冬，敌人更大事整顿伪军，表面上由汪逆统一指挥（实际上绝不能达到统一的目的），将治安军、剿共军陆续改编为华北绥靖军，并另扩充伪中央军，逐渐向充实装备，严整编制的方面发展。

（二）友军情形

中条山战役以后，华北战场上友军的实力已大为削弱，剩下的只有在山西的晋军，在晋豫边的庞炳勋、孙殿英的第二十四集团军，在山东的李仙洲、吴化文（于学忠在李仙洲入鲁时奉命离鲁），此外为一些地方性的武装，如山东的宁春霖、秦启荣，晋豫边的侯如墉等。

这些在华北战场上残余的友军，不但没有从中条山战役失败中取得真正的经验教训，以求改弦更张，放弃“反共第一”政策，反而变本加厉，更为丧心病狂地采取与敌寇“联合反共”，“变奸伪区（反共将军们给我抗日根据地的称号）为敌区，再由敌区变为自卫区”的“借刀杀人”政策。这明明白白地是在为敌人效劳，和敌人的“以华制华”的“对华新政策”两相心照呼应。

但是，敌人并不完全满意于友军的如此若明若暗、若即若离的态度，“对华新政策”中不仅有“拉”的手段，而且有“打”的手段。敌人见“拉”的手段已收到一定程度的效果，已把许多友军“拉”为实际上的奴才，乃进而迫其“明朗化”。一九四三年敌人对友军连续进行军事上的压迫，有所谓“山东战役”与“昭和十八年夏的晋豫之战”。友军精神上早已投降敌人，又熬不住敌后的艰苦，招架不住敌人的压力，乃纷纷公开投敌。除李仙洲部有一部退过黄河外，其他如第二十四集团军总司令庞炳勋、新五军军长孙殿英、预八师师长陈孝强、新四师师长吴化文、山东保安处参谋长宁春霖、二纵队夏维礼、三纵队秦启荣、四纵队侯如墉、九纵队李旭东、胶东四纵队王尚志、绥西伊盟游击军张励生等，都在国民党当局“机宜行事”的电令下，纷纷率部投敌，或者说奉“令”投敌，这就是为什么数十将级军官卖国投敌而国民党当局连一纸通缉令也没有的原委。自中条山战役以来，友军正规部队投入“汪逆之伪和平阵营”的，前后约有十五万人，许多部队在投敌以后，番号不变，防地依旧，完全证明了是久已暗中通敌；而我英美盟国援助我国的武器弹药，不但早已不曾用之以打击敌人，而且整整齐齐的公开的奉献敌人，实堪痛心。今天，这些伪军大多环伺我各抗日根据地周围，充当日寇向我“扫荡”之鹰犬走卒，其行为特别残暴和无耻，为我抗战军民之死敌。这就是国民党当局所一意孤行的反共反民主政策的恶果。

现在华北战场上仅存的友军，只有山西的阎锡山，山东的张里元（第三六师）、赵保元（暂十二师），都是不择手段谋求自己的存在。阎锡山部号称廿五个师，实际每师平均只有一千五百人到一千八百人，大部都背靠后方，与日寇“和平共居”。只有一个六十一军，为进攻八路军与决死队，于去冬与日寇订立协定，在日寇掩护下由晋西南进攻晋东南，形式上好像是在敌后，实际上跟敌人是一家人，也就无所谓了。

（三）我军情形

一九四一——四二年的艰苦斗争，给我们奠下了这一时期胜利开展的基础。我们继续坚持反清乡、反蚕食、反“扫荡”的斗争，更努力于开展“敌后之敌后”的游击战争，坚决打击敌人的“对华新政策”，揭穿其各种各样的欺骗，宣扬美国在太平洋上反日战争的辉煌胜利，以振奋人心，更进一步动摇日伪军，并不断的主动出击敌人，打击敌人爪牙——伪军伪组织。

反“扫荡”作战方面，山东清河区曾于一九四三年四月与十一月两次粉碎敌二万人的大“扫荡”；晋冀豫太行区，曾于一九四二年十月与一九四三年五月，在四次反“扫荡”战中都取得胜利，特别是后一次反“扫荡”战，在主力与民兵紧密结合的作战方针下，依靠着出敌不意的袭击和广泛开展的地雷战、石雷战，显示了我军民作战的很大威力，辽县、武乡境内，凡与敌人接战村庄的民兵，平均每村打死十三个日本兵，每五颗子弹打死一个日本兵，警卫团第五连与民兵相结合，百余人打死了一百二十三个敌人，自己仅有数人伤亡；晋察冀北岳区，于去年九月到十二月，胜利地粉碎了历时三个半月的三万五千敌人的大“扫荡”，这次“扫荡”敌军不仅想打击我主力，而且要破坏我秋收及屯粮计划，企图在经济上予我以摧毁，因而我们反“扫荡”作战的组织也十分复杂，一面艰苦作战，一面争取每一分钟时间从事生产，最后终将敌人驱走，并完成了秋收和屯粮计划；冀东区，曾于去年十月和今年二月至四月，击破敌人的两次大合击，第一次在山海关附近，第二次在锦热路以上。

各地我军主动出击和组织远征方面：晋冀豫的太岳区，在中条山友军退出后，即遣军南下，又从敌人手中重新解放了中条山局面，今年四月复攻克沁水等县，前后解放国土一万六千方里，我军先头已活动到黄河沿岸；太行区于今春收复林县、榆社；冀鲁豫平原，自德石路以南至陇海路，我军克复了清丰、内黄、朝城、城武、莘县、荷泽等县，并经武工队的活动，开拓了数十块隐蔽的小游击根据地，共解放人口千万；晋察冀的北岳区，去年一年中消灭了敌人五八一个据点，恢复和开辟了三千个村庄；冀中，我连克任丘、肃宁、高阳等十余县城，敌人据点在一九四二年为一三四三个，至今被我消灭得只剩下四九五个了；冀察热我军北出长城口外，东向辽宁之锦州、热河之凌源、承德，新开辟了将近十万方里的敌后战场；此外，晋绥边区和山东我军的活动均有发展，山东方面已扩展至海岸线。

讨逆战争方面，去年八月，太行我军出动讨伐伪二十四集团军庞炳勋、孙殿英部，毙俘伪新五军六千人，伪副军长刘月庭为我击伤；十一月，鲁南我军讨伐伪和平救国军第十军第三师刘桂堂部，将其全部消灭，滋扰华北六七省、为匪数十年之刘桂堂也为我击毙；同时，鲁西我军讨伐伪二方面军孙良诚部，孙逆总部直属队被消灭，伪二方面军甄参谋长以下官兵一千六百人就擒；又滨海我军讨伐伪和平救国军三十六师七十一旅，攻克赣榆县城，活捉伪旅长李亚藩等一千二百人，使之全军覆灭；鲁中我军于去年冬至今年春，曾发动三次的讨伐伪和平救国军山东方面军吴化文部，将吴逆总部各处、伪四六、四八师两个师部，以及其部下三个团消灭殆尽。这些战斗大大削弱了敌人的羽翼，破坏了敌人“对华新政策”的某些收获，也使其始终无法由华北战场抽调大批兵力出去，其意义是很大的。

经过以上的许多战役，华北解放区的面积大为扩张，人口新增加了二千万，因而这个时期,可以说是我军在华北敌后渡过严重困难后的再次开拓和发展的时期。

目前，我八路军共有兵力三十二万人，经常抗击着敌人侵华兵力的五分之二至五分之三（伪军三十余万还不在内），最多时，曾钳制敌人二十二个师团。

七年中，我们和敌人进行了大小战斗七四〇六〇次，平均每天与敌作战二十九次；共毙伤敌军三五一一一三人，伪军二三九九五二人，俘日军二四〇七人，伪军一四八七二六人，争取日军投诚者一一五人，伪军反正者四九四六一人，约等于已消灭侵华日军之半数和全国伪军之半数；缴获长短枪一八九〇二八支，轻重机枪三一二〇挺，各种口径炮四八九门，我们主要就依靠这些战利品来武装和补充自己。七年的艰苦战斗，我们也支付了巨大的代价，我负伤指战员一八六五九三人，阵亡一〇三一八六人，敌伪与我伤亡的比例总平均为二与一。

经过七年的艰苦斗争，我们在华北敌后，巩固地建立了五大块抗日民主根据地，军事上划分为五个大的军区，即晋绥军区、晋察冀军区、晋冀豫军区、冀鲁豫军区与山东军区。东自锦州、山海关、胶东半岛、黄海与渤海沿岸，西至黄河，宽二千二百华里。北自热河之宁城，察哈尔之多伦、商都，绥远之百灵庙，南至陇海线，长一千八百华里，包括华北之晋、冀、察、鲁、绥、热、辽七省。抗日民主政府统治下的人民达五千多万，占全华北人口百分之六十左右；有组织的群众为一千六百多万，占根据地人口百分之三十以上；不脱离生产的民兵有一百五十八万，占根据地人口百分之三强，民兵的前途尚可大量发展，可能发展为根据地人口百分之七，它是今天八路军在敌后作战的助手，也是我们将来进行反攻的强大后备力量。经验证明，农业社会动员兵力可以达全人口百分之三，将来反攻时，我们可以动员一百五十万兵力，人力方面在我们是不困难的，食粮也可自给，再配合以强大的民兵作后备，我们自信有力量担任华北战场上的反攻。

在这些抗日根据地里，我们真正实现了民主政治，人民有充分的言论、集会、出版、结社、居住的自由，法律上一律平等，各级政府和官员，均由人民选举而产生，参议会和政府中，有各党各派各民族各阶层的代表人物参加，共产党在政府中只占三分之一，被选得多了就自动退出。在经济上，发展农业和手工业，老百姓的生活也有了改善，而且较战前还好，比如根据晋察冀北岳区的三十五个村庄的调查，由一九三七年至一九四一年，雇农上升为贫农的占百分之二八．三七，上升为中农的占百分之一〇．二八；由贫农上升为中农的占百分之一八．五七，中农经济的比重急剧增加。文化教育事业也在突飞猛进之中。虽然七年来受到敌人许多严重的摧残，但因我们在战争中始终注意建设，积蓄民力，培养民力，而且采取民主主义的政策，因此，在战争结束后的和平环境中，依靠着丰富的地下蕴藏和资源，一定可以建设起一个自由繁荣的华北，成为民主中国的重要组成部分。

敌人七年来对华北我八路军的作战，曾用尽许多阴谋与残酷的办法，五易其统帅，由香月清司而寺内寿一，而杉山元，而多田骏，而冈村宁次，手段一个比一个狠毒。在作战指导上，亦曾变换多次，由“突贯攻击”、“分进合击”，转变到“治安肃正”的“总力战”，“囚笼政策”，“分散配置，灵活进剿的牛刀子战术”；又转变到“治安强化”与“铁壁合围”。但所有这些，都为我八路军所击破，徒见其心劳日拙而已。我们并不否认，日寇辛苦经营华北七年，是有其某些收获的，主要是交通线与据点的扩张与繁殖。但总计起来，毕竟是得不偿失，且其战果极不巩固，一有变动，敌人就无法控制。日寇也很知道自己是站在一座火山上，认识到“真正的抗日势力始终一贯的是中国共产党”，并且一再的哀号：“华北有八路军存在，便无法安枕”。

华北抗战是在与后方完全断绝、毫无接济的情形下进行的。为什么国民党军队（他们有飞机运送，还多少有些后方的接济）不能在华北存在，而我八路军犹能屹然独存呢？为什么强大而野蛮的敌人不但不能消灭我们，相反的，我们胜利地坚持到了今天，而且还要继续胜利地坚持下去呢？其中道理有加以说明的必要。

首先看看敌人。日寇是一个强大而又野蛮的法西斯帝国，在军事上是占优势的。比如技术比较发达，装备精良，而常备役的军队，久经锻炼，黩武主义的“武士道”的毒中得很深，并且在战争爆发后不久，它就占领了华北所有的铁道和重要城市，无论在作战和统治上，增加许多便利，因而它在七年的作战中有了某些微弱的收获。但它有一个根本弱点，就是在群众游击战争中深感兵力不足，以致顾此失彼，捉襟见肘。常常顾了前方，则后方空虚，集中兵力对某一个区域进行疯狂的大“扫荡”，则其对另一个区域的控制就会削弱。敌人曾以各种办法消灭这个弱点，如繁殖伪军，培养爪牙，作战指导上的“分散配置，联合扫荡”；但伪军不可靠，易为我军争取与瓦解，反而常常要用日本兵加以监视，“分散配置”的结果，使敌守备更为薄弱，处处露出破绽。而且由于战争的持久，敌军本身的政治素质也日见降低，士气消沉，军纪败坏，战斗力亦不如前。在政治上，日寇所进行的是非正义的侵略战争，它不仅和我整个中国人民站在对立地位，而且和全世界爱好和平维持正义的各民族相对立，对于日本国内劳动人民说，这个战争也是有害无益的。敌寇在华北的疯狂屠杀和残酷掠夺，激起我全民的义愤和反抗，这种反抗在中国共产党和八路军领导之下，就特别有力。敌人的一行一动，都遭到我人民明的、暗的反抗和破坏，真正是防不胜防。敌人收买和利用汉奸，并采取所谓“三分军事，七分政治”，“恩威兼施”的办法，但汉奸究竟只有极少数民族败类去充当，小恩小惠的欺骗笼络，终掩盖不住其残暴掠夺的本质，至于强力压迫的结果，则是压迫愈烈，反抗愈大，日本法西斯是无法弥补这个政治上的基本弱点的。

我们的友军呢？与敌人比较起来，在军事上是处于劣势，但装备弹药比起八路军来，条件要好得多。有一个时期，友军在华北的数量要比敌人多，装备也差得不很远，而且有后方的接济。在政治上，按道理说来，应该是属于优势的。但是，可惜这些有利条件，他们都没有很好的加以利用。相反的，他们执行反共反民主反人民的错误政策，假抗战之名，行一党专政之实，心猿意马，动摇不定，时时求与敌人“和平共居”。驻防前线，不但不知体恤民困，发动民众，取得人民帮助，反而勒索无厌，发国难财，随便吊打杀害人民，有些地方老百姓称他们为“小日本”、“二鬼子”。兵员的补充，不用政治动员，反用抓丁捆绑的办法，部队内部进行的是反共反民主的法西斯教育，讳言抗战，长官们与敌人信使往返，也是“路人皆知”的事实，因而士气消沉，兵无斗志。部队与部队间待遇不平等，相互不团结，嫡系歧视非嫡系，步骤不一致，指挥不统一，作战时互相推诿，互不救援。当局甚至故意采取离间政策，扬甲抑乙，或抑甲扬乙，簇使互相磨擦，以便架驶〔驾驭〕。战略战术公式、呆板，缺乏主动性和机动性，平素又毫无准备，敌来只有挨打，又熬不住敌后的艰苦。更加上当局对抗日有功者，不独无赏，反而加之以罪，对通敌叛国者，不惟无罚，反而互通声气，保持联络。致使友军一遇敌人，上有叛心，下无斗志，只有溃散或投降两条道路。这就是友军不能在华北敌后存在的基本原因。

我八路军与敌人比较起来，在军事上也处于劣势，技术和装备远不如敌人，也不及友军，且无后方接济，武装弹药都要靠从敌人手中去夺取。但是，我们部队的政治素质较好，官兵上下一致，具有高度的抗日积极性，组织严密，意志坚强，士气旺盛，每个连、排、班，甚至每个士兵都可单独作战；作战上高度主动和机动，善于研究敌人，发现和利用敌人的弱点；指挥统一，行动一致，部队虽然分散在如此宽阔的战线上，却可以组织统一的战役，敌人“扫荡”某一区域，临近区域的部队就会自动起来配合，从外线反包围敌人，击敌侧背，使敌首尾不能相顾；更主要的，我们实行民主，坚决依靠人民，一切为人民的利益着想，发动与武装人民参战，使战争真正成为全民战争，这使我们的抗日力量增强到千百倍。这就是八路军所以能迄〔屹〕然独存于敌后，制胜敌人的秘诀。

最近，我们获得敌上海《朝日新闻之友》半月刊于去年八月一日所刊载《中共军内幕分析》一文，称我军“有超乎常有以外的坚强意志和严密组织……战斗技术的两项特长，即精确的射击和敏捷的行动。”又有伪《中国青年》杂志上刊载有《八路军怪魔的游击战争》一文，其中对我军有如下的描述：

“不用枪，只肉搏，见到了对方的机关枪，那可红了眼，不管火力多么硬，不管火网多么紧，他们常硬着头皮冲上去……如果命令一下，干起来，向敌人冲去，即所谓‘光荣’的躯干倒在地下，也不要紧。后面的马上实行‘同志爱’，为保护这流尽最后一滴血的遗体，也要保护这枪，使用绳子把它拉下火线，先是你拿枪，我解子弹，然后再把尸首背回去……在攻碉堡的时候，是使用肉弹。在攻城夺寨的时候，没有飞机，没有大炮，就率性搬出几千年几百年前的办法来，几个木梯暂接到一起，多少个勇士扛着一个梯子，拥到碉堡根底，很快竖立起来。他们穿枪林冒弹雨的跑上去，死的伤的掉下来，后面的又接着爬上去，这办法虽然愚笨，有的时候血多肉多，也会得到胜利的。”

我们既不是“怪魔”，也不是“愚笨”，而是因为缺乏武器弹药，不能不以血肉之躯与敌寇拼殴。从这些字里行间，我们可以看到敌人对于我八路军战士的奋不顾身的英雄主义气概是十分恐怖的。我们相信，如果在我军这样英勇作战的士气上，再加以适当装备，则我们的战斗力当增强百倍。如果我们获得一定数量的轻炮、弹药和其他轻武器的装备，则我们即可扫除深入我根据地的敌据点和交通线，把根据地融成更大块的。如果我们获得重炮、反坦克炮等装备，则华北即会有更多的类似百团大战的战役进攻，敌人的任何交通线将无法控制，敌人将被我们钳制得更多在华北战场上，以至将敌人赶出去。我们有充足的人力，有高度的政治觉悟与勇敢善战的指挥员战斗员，极愿对祖国抗战和整个反法西斯战争有更多的贡献，但令人遗憾的是国民党当局缺乏此远大眼光，不仅无任何帮助，反而多方限制与打击我们抗战力量的增强，这对于抗日战争与世界反法西斯战争都是十分有害的。

我把华北七年抗战的真实情形，向我们反法西斯的美国盟友介绍，就此结束。

陈毅与美军观察组的谈话

1944年8月10日

陈毅军长与美军观察组关于华中新四军一般情况的谈话

一九四四年八月十日

包上校、观察组的各位先生:

我首先代表华中新四军全体将士对各位来延表示热烈的欢迎。当我从华中到延安来的路途中还不知道有这回事情。到了延安以后，才知道的。我是七月初到延安，比各位早到几天，我随即打电报去告诉了华中的新四军，他们听到这个消息是非常高兴的。今天要我来向各位作关于华中新四军一般情况的介绍，我觉得很愉快很荣幸。

新四军的实情，历年来是被国民党封锁着不让外露，中国人知道的还不很清楚，外国朋友则要知道的机会更少。当我沿途来经过华北各地的时候，当地人士谈到新四军的情形时，他们知道有一个很能作战的新四军在华中活动，但一般情形，他们也是不很清楚的。我们新四军是一支被封锁的军队，他孤军与敌人作战且做了许多工作，向世界解释的机会却不多。但我想到，如将新四军本身做的工作，目前的情况，以及它在战略上的地位，经过各位的介绍使世界、特别美国方面有清楚的了解，这在同盟国反法西斯的共同事业上是有其极大重要性。

现在我首先来讲新四军的历史。

新四军在中国抗战以前，是留在南方各省的红军游击队，抗战后改编而成的。这是当毛泽东、朱德两同志率领江西红军主力长征后留下在那里的。这些红军游击队，散布在湘、鄂、赣、豫、闽、粤、浙、皖等省，共有十三地区（指图），浙南区在福鼎、泰顺、平阳一带（温州以西地区）；闽北区崇安、邵武、武夷山一带；

闽东区包括政和、南屏、庆元等县；赣东北区在浙赣北部鄱阳湖以东，在浮梁、婺源、都昌、乐平一带；闽南区在潮安东北章浦、平和、饶平、诏安、云霄一带；闽西区在上杭、永定、龙岭一带；闽赣瑞金区包括长汀、武平、石城一带；粤赣边在南雄、大庾、信丰、南康、安远、韶关一带，我自己以前就在这个地方；湘南区上游、崇义、汝城、柳州、宜章、乐昌一带；湘赣边在茶陵、永新、莲花、分宜、安福一带；湘鄂赣边在武昌、长沙间以东的地区，如浏阳、平江、修水、铜鼓、阳新、大冶等地；鄂豫皖区以立煌为中心，在大别山内；豫南区在桐柏山一带，包括确山、信阳、南汤等地。

在这里我想说明两点：第一，在抗战前我们在以上各个地区坚持斗争是很艰苦的，常常与数百倍的敌人进行作战，很艰苦的将阵地坚持下来，但这些经验对于本军以后在华中敌后的坚持作战是很有用处的，这段历史今天不详细讲，以后有机会再同各位详谈。第二点，抗战爆发后，我们接受延安中共中央的指示，与国民党合作，改编新四军，开赴大江南北京沪前线抗战，假如不是为了顾全大局，是没有任何外力使我们退出那些地区的。

我们与国民党共同决定改编南方红军游击队为新四军，出动到前线抗战，对以上我们原来活动的十三个地区，国民党答认以民主的方式解决当地农民与地主的关系等问题。但是当我们离开以后，国民党即完全违反了诺言，以武力去实行占领那些地带，这件事情发生后，使开到东战场作战的新四军全体官兵感到了很大的震怒。因为我们的干部战斗员全体同志都是那些地方的人，留下了许多家属，在国民党的进攻下被屠杀了，譬如在湖南，连我们彭副总司令的兄弟也被国民党杀了，这是国民党方面不顾一切的惨暴的具体例子，这就是国民党与新四军关系恶化，由国民党投下的最初种子。

新四军出动到南京、上海、杭州一带去抗战，而国民党向我们原来根据地的进攻又并不完全那样顺利的；虽然有些地区被镇压下去了（如赣东北、湘鄂赣、瑞金、立煌一带），但是其余地区，被迫自卫至今存在，国民党今天仍然继续进攻。

他们与新四军的联络虽是已经被截断了，但他们间或有人逃来新四军诉说那一带的情形。

当以上十三个地区的红军游击队改编为新四军时有一万二千人。新四军的武器是多年内战时用旧了的武器，有许多都是埋了一两年，抗战后才挖出来用的。我们改编时国民党答认两点：一是保证新四军家属的安全，但是当我们走后，又用武力去进攻；二是补充武器、补充新兵，可是一点也没有给，仅仅很少的给了一点子弹。

我当时在第一支队当支队司令，仅以我这个支队的情形来说，我们的副司令、参谋长、团长的家属都被国民党迫害或惨杀，当时我的部队听到这个消息是很奋〔愤〕怒的，几乎闹得不愿东进，在我们党的说服下，才开赴华中抗战，关于这些事情我们一再向国民党抗议均无效。

历史的部分就讲到这个地方为止。

现在我来讲新四军出发抗战以后的情形。

新四军出发抗战东进的路线有两条。江南被指定在京沪间打游击，江北被指定在津浦路打游击，主力与军部都在江南，江北有一个强有力的支队。

正式战斗开始于一九三八年六月，从这个时候至一九三九年汪精卫登台为止，差不多将近一年，在这个时候，江南所有的交通要道与大城市、大市镇都被敌占，乡村则为土匪、伪组织的世界，国民党的军队、政权、党部都向后溃退了，秩序是非常混乱的。当时我们军队开入敌后，穿的是黄色军衣，老百姓也拿了太阳旗欢迎我们，以为是日军下乡，以后知道是中国的新四军才大喜，认为是重见天日，这可见当时的一般情形。

在一九三八年徐州沦陷后，在徐州外围当地的共产党员拿起了武器打游击，与新四军取得了联系；在开封、武汉沦陷后，当地的老百姓与共产党员拿起了武器打游击，也与新四军取得了联系，因此在汪逆登台以前新四军的游击范围就已经很大了，打定了今天华中根据地的基础。

我这里可以更具体的举几个故事来说明新四军作战的条件和他的结果。第一件事情，新四军刚向上海、南京进军的时候，在皖南会了许多许多国民党刚从京沪失败退下来的军队，他们的情绪很坏，对于日本是很害怕的，他们看到新四军的武装这样坏，很替新四军担心，认为新四军到敌后去是很危险的。有一个国民党军队的将领某君，我请他对我们的部队讲过话，他过后很不客气的对我说：“陈司令！你们军队的优良纪律，作为一支政治宣传队是很好的，如到东线去打仗，请听下文分解好了”。（笑）

我亲身经历的第二件遭遇也是很有趣的。一九三八年七月初，我的部队秘密运动到南京附近的汤水，在农村中隐蔽，准备向龙潭游击，我部二千多人全部都去了，我的司令部住在农村中一个地主士绅的家里，这房东很高兴，他们一年来没有看见过中国的国旗与中国军队了，到处是土匪，使他们很恐慌，我们去了很高兴的请我吃饭，招待得很好，第二天一清早，这房东即拿了便衣给我，他说：“你们要 < 当 > 心，打日本不是好玩的，你们只有七条枪，怎样打日本呢？还是穿上便衣，我可以保护你们。”（笑）当时我的司令部只有七条枪那是事实。

这说明了国民党军队与老百姓只从装备上来看我们，没有看见新四军坚强的素质，所以替我们很担心。另外也说明了敌人在上海、南京大胜后，对中国军队是很轻视的。那时敌人的许多车站、小城市、大镇子都是不放哨的，行军的侧翼侦察是没有的，以为中国百万大军在京沪失败后，近半年没有中国军队，他们不相信会有中国军队会到该处的，所以我们在三八年七、八月最初战斗中都能进行胜利的袭击。常常将敌人全部包围，敌人才知道，随即用刺刀冲上去将敌人解决。敌人的抵抗极为顽强，日军作战的特点是死也不缴枪，我们将第一层敌人消灭后，第二层仍然继续抵抗。当时我这个支队，只有内战时留下的一挺轻机枪，其余都是步枪和手榴弹，还有许多士兵拿梭镖，我们这样的火力是很弱，但日本军队白刃比赛比不过我们，敌人盘踞房屋固守，白刃战无效，我们用洋油焚烧房屋，常有几十或百把的敌人被我们烧死，我们的损伤并不大，但这种火攻办法，使我们能够缴得的许多东西，都有部分不能用的。最初一般的作战都是采用这样的方式。我可以举一个具体例子，在一九三八年八月初，我们部队袭击丹阳北之新丰车站，有敌人一个中队（一百八十人左右）住在车站旁一小学校内，该小学是土墙，没有防卫设备，我军将其包围后敌人还不知道，我们一个侦察班很隐蔽的接近学校门时，门是开的，并且没有哨兵，我侦察班即很大胆的进去了，到了日军的寝室里，还点着灯，但都睡着了，我侦察员看见墙上挂了武器，即轻脚轻手慢慢的将武器拿出来，有一个十二三岁的小同志，他看见桌子上有一个闹钟，他去拿起即当当的响起来了（笑），日本鬼子被警醒，我们即退出到院子内，日本军队赤膊下来了十几个，有的开始打枪，一日本军官说："不要放枪，要捉活的"，可见对我们是很轻视的，这日本军官拿了一把长刀，连砍了我们两三个同志，我们两三个人将他包围，仍打不倒他，这时拿闹钟的那个小同志做了一件好事，跑去将日本军官胯下的生殖器睾丸抓住，才将他拉倒了（大笑），一手枪将那军官打死。此时日军即从楼上打枪丢手榴弹，开始了火战，镇江、丹阳的敌来增援，被我两面的伏兵打退。经过四个钟头，这个学校全部被火烧掉，只跑出了三个人，我们亦伤亡五六十名，在这学校内差不多没有得到什么缴获，而打镇江、丹阳增援的敌人缴获很大，因为是夜间诱他们进了伏击圈。这次的作战我是亲自参加的。战斗后我们即撤退，第二天日军即对当地一二百个村庄进行残酷的报复，当我们撤退时曾经劝说群众与我一起撤退，一部分听了我们的话退出了，未退出的房屋全部被烧了。日本人的理由是：假若不是老百姓帮助新四军，新四军怎么敢大胆的来，所以应由老百姓负责。我们撤退时估计到了敌人会要残酷的报复，但我主力不能留，为顾虑人民吃亏，只得派了一个连兵力掩护群众撤退，但人民仍然是遭到了损失。这时作战的对象大都是驻在南京近郊十五师团的松野联队的部队。

在一九三八年六、七、八三个月内，在三十几次的战斗中，敌军都受到很大的损失，使日本人对新四军的看法改变了，开始加强工事设备。这时敌松野联队长大发传单说，新四军不讲道义，不会打仗，只会杀人放火，偷偷摸摸的，不配作一个堂堂正正的军人，要求与新四军定期决战。我也写了传单来答复他，答应他们的决战要求，并要求来打一个公平仗，请英美友帮［邦］派人来作评判员，就是以同样的武器装备来打，如果我们打败了，我退出南京再也不来麻烦了。如果他们打败了，就退出中国（笑）。因为我们新四军素来对文明人就用更文明的办法，而对野蛮人就用更野蛮的办法，打得日本法西斯军队晓得什么是正义。这就是新四军作战的一种评价。

关于敌人加强对新四军及转变他的看法，我又有一件事实可以证明。在一九三九年元旦，国民党第三战区前敌总指挥冷欣，请我吃饭及元旦阅兵。我在江南半年来经常可以捉到日本兵，缴获到日本军队的一些东西，特别在苏州武进一带的内河上常常截击敌人很多东西，我军排长以上的干部都穿日本军服，我们经常送些给他，他很高兴，因为他的军队从来很少得到敌人的东西。在三九年底，他的部队捉到了一个日本兵，他很高兴，请我去参加，我会到他时，他要他的参谋长带我去看那日本人，同我一道去的有许多国民党的官长，我们坐在一个大圆桌上，开始了第一、二、三、四的介绍，我坐在最末，当着介绍所有的国民党军官时，那日本兵很骄傲的无任何表情，当介绍我时，翻译说："这是新四军的陈司令"，俘虏即起身向我鞠了一个躬，翻译问他为什么这样，俘虏说：新四军会打仗（笑），这对国民党军官是很下不去的。我回到冷欣的总部后，冷问我见了没有，我说见了，冷即问他参谋长怎么样？参谋长回答说，这个俘虏很左（大笑）。从这个事实就可以证明，在日本军队中间，对新四军作战的强烈影响。

从一九三八年到一九三九年我只有一次吃过亏。有一次，有一个营不小心，被敌人包围，最后英勇突围出来的只一个连，被敌人冲散和消灭了两个连。这是因为离敌人太近，每天要移动，每天要行一二百里的军。另外，就是因为日军在与新四军对战下，挨打太多，他也渐渐学聪明了一些。日本军队当时得到了新四军一些东西，如一顶军帽都要拿到上海、南京去展览，但我们很抱歉，得了许多日本人的东西，因为经常得到，故很随便的，并不那样的宝贵它。

当由内战时的红军游击队改编为新四军时，我军实力为一万二千人，到三九年初全军发展到三万五千人，仅仅我们在江南的两个支队——新四军的主力，由三千七百余人，发展至一万人，原因是当时日本军队冷不防，每一次我们总是都获胜，都缴获东西，伪组织很多，土匪遍地，我们作战缴获都大。我们作战替老百姓解除了痛苦，老百姓都愿意参加新四军，自己带武器来参加。我们对群众带武器来参加新四军完全是用民主的办法，因为人民是凭一般〔股〕爱国热忱，不一定过得惯新四军艰苦的生活，又没有报酬。他们参加后，假如要回家，我允许给假，农忙时准放假回家，不拘束他们并很同他们过得来，慢慢的使他们过惯我们军队的生活，他们就不愿意回去了，他们都说新四军是他们自己的军队。

在将近一年的情况下，我打开了敌后的局面，国民党的军队、政权、党务、特务都来了，在整个京沪线上，两方面军队都有了。国民党的军队来了以后，他们的纪律很不好，一来就向老百姓要便衣，没有打仗就准备跑，当看敌情不紧张的时候，他们很胆大，毫无一点作战的准备，但是正式开火以后，他们就很胆小，将武器丢了乱跑逃命。我们新四军则恰恰与他相反，平常对敌人的监视是很费工夫的，轮班的放哨，派出层层警戒哨，在战前是很小心的，一旦开火后，我们胆子就大了，只有拼命才能安全。这是国民党对敌作战之所以失败，我军能够成功的原因。

国民党军队的司令部与部队总爱住大房子，摆威风，老百姓很不高兴他们，我们的军队除冬天外，常常露营，目标很小，遭敌人袭击的很少，我们军队每夜经常要换三次以上的宿营地，使敌人的每次“扫荡”与包围总是扑空，当敌人扑空回去之后，我又转在野路上截击他。我们的口号是：“江南睡觉，江北打仗”。日本军队对我们估计认为新四军是个鬼，你找他是一个也没有，他打你时就都出来了(笑)。

这是一九三八年至一九三九年汪精卫上台以前的情形。

一九三九年三月汪精卫在南京上台以后到一九四〇年，在这两年内，国民党军队在华中投敌者有十万人。这时新四军的作战情况变了，一方面要对付日本人，一方面又要对付汪精卫的伪军，汪精卫他把在内战时对付红军的办法告诉了日本人。战斗的规模更加大了，最初的游击方式不行了，经常有上万人的会战。同时我们也须要有临时的根据地，以便修理枪支，医疗伤员，储蓄粮食，这是一九三九年至四〇年的形势，变成较大规模的战争了。

这个时候，敌人对我采用联合“扫荡”的办法，敌常常以一个联队配合一万多伪军向我进攻。我们的办法是一定要给敌人以严重的打击，以动摇伪军，同时也要给伪军几个决定性的歼灭，使敌人感到伪军没有好多用处，这样来粉碎敌伪的联合“扫荡”。第二个我们是采取敌进我进的办法，因为我们不能向大后方退。敌向我根据地进，我即向敌占区进，互相渗透着，使新四军游击区扩大，一直到南京、上海、杭州、徐州、开封、武汉附近，长江两岸地区都为新四军的活动区。

其次，敌人采取封锁的办法，在长江两岸一带的铁路公路附近挖封锁沟，灌注以水，敌人叫遮拦战术。凡是新四军控制的地区用强大的兵力进至我区，建立据点，把我挤出去，因此最初用的小的游击办法是不行的了，对于敌人顽强的封锁，使我大部队往来自如困难了，不得不划分战略区，给各部有一个一定的范围，比较固定下来对付敌人。

对付敌人在我根据地安据点通常有两个办法，如知道敌人的消息早，我准备来得及，我即不惜任何牺牲先向敌进攻，将敌赶出去，粉碎其企图。假若准备不及，地形不好，就让他进来，他的主力半月一月后就是会要撤退的，我即乘这个时候，去打击他。敌伪军是不混合住的，我冲进敌据点内可将敌伪截为二段分头解决。我们的居民工作有决定的意义，居民可以供给我们情报。有时日本人用中国伙夫，这可以供给我们很重要的情报，或从内部给我们以帮助，缴伪军的械是很容易的，解决日军一个据点要打二三天。日本人推进据点叫钉钉子，我们拔除据点叫拔钉子，这成为经常的斗争方式，经常是一二万人的作战。

从汪逆精卫登台以前我军发展至五万人，汪登台之后，敌伪虽实行了联合“扫荡”，但在四〇年至四二年中仍然为新四军发展的时期，我们发展到十万人。

从太平洋战争以后至现在，华中新四军与敌人已经有了固定的界线，我要进入敌区要有很好的准备，敌人要进入我们区域，也须要有很好的准备，形成国界一样的。

某军官问：新四军扩大到十万人，兵员是从何而来？武器是从何而来？

答：因为我们已经有了巩固的地区，解放了很多的人口，我可以组织动员；其次大量的伪军投诚与被俘。武器是缴得敌伪的；还有在京沪近郊作战时国民党丢下的武器很多，当地老百姓捡起来以后，自动带来参加新四军。但目前我们仍然感到人多武器少。

在一九四二年以前一般是进行军事战斗，四二年以后，不论文化、政治、经济各方面都有了接触，我们虽不能有完全巩固的后方，但是已经有了较固定的区域，我们非有后方不能作战，譬如，我们全军有时一个月的伤员多至八千人左右，不建立伤兵医院何以应战？在海边、在大湖泊沿岸、在大森林中很掩蔽，建立分散的医院，建立一些小小的翻砂厂，部队也可以在那里进行短期整训，及做改造俘虏的工作。在苏北很长的海边成为我们的后方，但是是很分散的，一二百人一起的，准备有船只，敌人一来我即坐船走了。我们是在两个反“扫荡”战役中间来进行建设工作，通常两个反“扫荡”战役间隙至少有半个月或一两个月不等，在华中常有两年没有到过日本人的地方。

日军在军事上通常采用三个方法：

第一是“扫荡”。在“扫荡”又分几种：

一是，侦察新四军军部或师部后，即从四面八方来包围。每每我们只要我们指挥机关一暴露，日本人一定要来“扫荡”的，还有我们的后方机关一暴露，敌人一定也是要来的，所以我们的司令部与后方机关不论什么时候，都是要有很好准备的，对付敌人可能来的方向，选择战斗地点，我们能够很好的应付自如，我们的指挥机关是没有受过什么损失的。这是第一。

其次，季候性的“扫荡”。如春季四、五月间，为割麦时期，敌人一定要来进行抢粮“扫荡”。到秋季八、九月间，是收稻子的时候，敌伪也一定要出来“扫荡”的，解决他们的粮食问题，这两季战斗最为频繁与紧张。我们对付敌人的方法，是将群众武装起来四面八方进行警戒，常在夜晚进行收割，同时以军队一部进入敌后，选择敌人的薄弱部分进攻，来牵制敌人，主力则集结在适当位置，敌若出动时，即歼灭敌人一路，给以打击。这样每年百分之八十的粮食都可以保护了。

三，是报复性的“扫荡”。当我向敌人进行破击或攻击后，第二天敌人一定要派部出击的，我打敌人据点后，敌人也要出来的，因为他要维护其所谓皇军的面子，一定要来的，这也是敌人的弱点，我常常布置好去把敌人逗出来，我将网张开，让他投入网内来。

四，是关于敌人掠夺资源与我保护资源，常常发生战斗。在华中沿海有大渔场、棉田、盐田、小矿山、大粮食区，日本人是很需要的，并常有大批技术人员跟着行动、进行研究。敌人时常在这些区域安据点，我们则要想尽办法打破敌人企图，常常进行大的战斗。假如第一次被敌人占去，我即进行破坏，使其无法保持下去，这样形成为一两年长期的斗争，这样常常使日军无法维持而自动放弃。假使想一次仗打了是不行的，这是长期的斗争，半年、一年、两年，最后将敌人打出去。

这是关于敌人的“扫荡”和我军反“扫荡”的情形。我们没有主力兵团，决难担负这样几万人反“扫荡”和攻据点的战斗任务，你们要看我们的主力兵团，可以从这些方面去了解。

日本军队看了这四种“扫荡”办法收效并不大，新四军这么多，地区这么大，“扫荡”是“扫荡”不完的，因此就改为清乡的办法，不是零碎的向我进攻或抢粮或打指挥机关，而是专门集中搞我一个地区，选择在两三县以内的地区，以强大兵力全部占领完，然后挨户去调查登记每个村庄，并用竹篱木栅插起几百里长，使清乡区与其他区域隔截，这样来对付我军。他们挨户去调查、听口音，敌人知道新四军干部一般是湖南、江西一带的人，士兵或是外地人，同时收买地痞流氓，要他们来窥察新四军人员，看哪些老百姓帮助新四军，每天早晨要将全村老百姓集中起来点名，发良民证，从此村至彼此〔村〕都是经过检查，特别是汪逆精卫的国民党人员配合着敌人担任这种工作。因此清乡不仅是军事的而且还是政治的文化的经济的各方面的。假使老百姓有反对的，全村即被屠杀，采取希特勒的人质办法，将一村之长者捉至日军司令部禁起来，若发现该村有新四军人员或其他可疑的行为，即将长者杀掉，敌人的这种办法是很毒辣的。其中还有一种最毒辣的，就是造成老百姓中间的分化，办法是：对这村人说：“你们过去替新四军服过服〔务〕，没有关系，不追究了，皇军是宽大的，汪主席是宽大的。”随后即将这村老百姓带到另一个村庄，要老百姓抢掠那村的老百姓，一捉到新四军的人员，要老百姓来杀，造成老百姓与新四军的隔离，这种造成此村与彼村的对立，与新四军的对立，然后威胁老百姓服从他。

日本人的这套方法是抄袭国内战争时，国民党向红军进行第五次“围剿”的办法，敌中国派遣军总司令畑俊六在南京专门组织了一个五次“围剿”战术研究会，以便向我进行清乡。

这种清乡的办法，最初比较有效，因为我没有经验，敌人这种以几万人的对我一个小地区的突然大举进攻，使我吃了一些亏的。比如，一九四一年七、八、九三个月，在江苏之无锡、江阴、苏州地区全被敌人占领，我军退出，政权与群众组织受到很大的压力与摧残，汪逆曾宣布这是他清乡的成功。在一九四一年冬这是一个很严重的问题临到了新四军的面前，我们研究了失败的经验，决定了新的斗争方针。假如敌人集中力量对我一区清乡时，我所有各区即进行全面出击，捣毁其后方，使其顾此失彼。第二个办法就是将主力转移出来，对敌人的后方或侧翼，不惜任何牺牲，进行几个大的战斗，拔下几个大的据点，同时动员五万十万的群众，一个晚上将敌人的封锁竹篱拔尽，使其封锁无效，我仍能够很好的转移。同时我仍很好的顾及到老百姓的遭难，将我优秀的干部、政治坚定分子、好的军事干部调，几百不等编成游击小组，散布在每个村庄，配合短枪，着便衣自带粮食，同时，并给武器给群众，当大股敌人到来时，我们潜伏不动，仍如普通老百姓，假如是敌人小部队，特别是汪逆的清乡特务人员来时，则将其解决，敌人以为新四军主力转移后，他进占区安全了没有问题了，所以常常是分散下乡，但都为我解决，没有一个能够回去的。

在反清乡斗争中，我们创造了民兵，我们新四军现在有五十五万的民兵，在没有到过敌后的人，或没有看到的人，是不会或很难了解的，认为老百姓没有受过什么训练，为什么就能拿起武器打敌人，要知道这些老百姓经过新四军的组织与教育后，就有了力量。这我可举几个例子，各位就会了解。

如某一处被敌人占去，我是要想尽办法夺取过来，成为中国的领土。假如没有要武装的老百姓去对付敌人，是很蠢笨的办法。在敌占区的群众，我们可以要老百姓表面上去应付敌人，如我新四军到了其处，我们过去后要老百姓去报告，把方向指错，把军队的数目字夸大，这样敌人不敢找我军，同时又不能怪老百姓，因为老百姓报告了，这个时候我可乘机打一两仗。日本人说新四军坏坏的，新四军大大的，这样造成敌人与我军之间，老百姓在中间起很大作用，他们住在敌人的附近，实际上替我们作事情，想出各种办法使敌人没有办法知道我们。

他们有几个办法，如敌人住在据点内，要下乡清查户口，看有没有新四军，经常二三十人配合汪逆特务人员出来，而我们的民兵，即在离据点一二百米远的地方监视着，每隔一两百米远一个民兵，一直到新四军驻的地方，只要敌人一离开据点，民兵就一个传一个，一直传至新四军部队，看敌伪出来多少，我就派多少部队去。我们这个办法叫做肉电话，这种报告是很快的，日本人也查不出来。假如日本哨兵或一两个日本人至街上吃酒，或晚上出来大小便，民兵用麻布袋从头上罩下去，背起就走，将其丢到河里。还有就是用很简单的一根绳子，当个别敌人在街上走时，在其不备时，用绳子一套，背起就走。还有就是日本人见了中国女人，就要强奸的，我们就抓住了这一点，常以侦察组设伏在敌据点附近，然后伪装女人穿得花花绿绿的，故意在据点附近经过，敌人一见到就要追的，把追的日本兵引到伏击附近（笑），这时我们就可以捉活的。

某军官问：如果日本人常常是这样失踪，难道不追问吗？

答：当估计到这些事情要发生之前，我们即预先准备要群众去报告，说新四军很多，要敌人去打，或者老百姓假意佯装也跟着日本人一起喊捉新四军，帮日本人捉新四军去，表示帮助，实际人多拥挤，迟滞他们追击（笑），是这样骗过他。

这样的办法花样异常多，由人民想出民兵去做，日本人很难防备，常中圈套。比如在我军标语下，埋一个炸弹，日本人去扯即受炸伤或死；或者日本军常用的操场，我民兵夜间去埋好炸弹或地雷，第二天引起爆炸等。

所以在清乡区的开始半个月至一个月内，是很严重的。后来由于群众采取了以上的办法去对付它，使得日本人不敢与伪军一起住了，也不敢与老百姓一起住了，他孤独的住在一个地方，不准老百姓去，老百姓一去就打枪，这样清乡区就腾出很宽地区，我们仍然可以活动与进行工作，老百姓再去报告哪里有新四军，他也就不去理会了。汪逆精卫的清乡人员就牺牲更大了，之后，他们不得不派人到我们部队求饶，表示不替日本人作事，愿替新四军作事，要在我保护与允许下，他们才敢下乡。

清乡区的最后是日寇孤立的住着，对清乡工作也就慢慢的松懈下来，我即调查其薄弱部分，集中一两个团打下几处据点，其余的敌人也就退去，这样全区就仍然为我恢复。如苏州、无锡、江阴地区四一年退出，经过一年以后，四二年九月间即为我恢复，仍为我控制。

说到这里，你们可以看见我们共产党员地方工作干部，领导广大民兵所起的伟大的推动作用。

日寇感到不仅“扫荡”的收效很少，而且清乡也很难奏效，第三步就采取蚕食政策，像蚕子吃桑叶一样的来侵蚀我根据地，以相当的兵力，而是依据其原有的据点，而逐渐向我区推进，将我根据地逐渐分割，划成许多棋盘格子，这对他是轻而易举，而使我接敌区经常处于很坏的环境。

我们对付敌人的这种办法，四面都可以来，经常以主力去应付，是无论如何也应付不了的，并且也没有这样多的主力去应付，但是我们又不能放任让敌人就是这样搞下去，一村一村蚕食去，不久就会使我根据地缩得很小，人力物力财力也就会要受到很大损失，因此我们就将各个边缘区村庄的防御加强，挖地道，房子用泥糊起来，使敌人烧不着，有时将整个村拆毁，将群众迁移至后方，同时在其前进的道路上，以民兵不断的进行袭击，普遍的埋设地雷（如门上、灶口上、炕上等属敌可至之处），这样敌人占一村至少要一个月的时间，伤亡也是很大的，互相消耗的结果，他亦不经常采用了。假如某一地区被敌人蚕食了，我就调两三个地方兵团配合主力之一部，一定要将敌人打出去，如在徐州、海州之陇海路南这个地区（淮海区），敌向我蚕食，使我损失相当大，我就动员全体老百姓将所有的砖房拆了，将砖一块一块的埋在地下，敌人要修据点碉堡没有砖，只有用土，我就动员上万的群众将河改道，使水冲下来将其冲垮，这样使敌人没有办法。还有一个办法就是将据点附近的狗杀掉，这一方面可使我在行动中免有狗吠，而被敌人知觉，同时把杀掉的这些狗要群众都丢在据点附近，嗅〔臭〕得很，逼使敌人撤退，这种办法多在热天使用，这叫死狗战术，也就是新四军的毒瓦斯。（笑）

敌人的据点推进，它是须要与大据点联系，因此，每到之处，就要修公路，敌人日里修，晚上我们就动员群众去破，这样几个月后，敌人疲惫了就不修了，假如敌人派队伍掩护修，大股敌，我就派队任去打，小股敌，民兵就可以解决。这使敌人得不偿失，就不干了。这种边沿区的反蚕食斗争，依靠强有力的独立团营，即地方兵团，他们经常在边界担任退敌任务，同时边沿区的县长、区长、乡长也要荷枪实弹统率地方兵团与民兵一道担任反蚕食工作，主力兵团只担任紧急时应援的任务。这里各位可以了解到地方政府和我们的地方实力。

我们能够动员成千成万的群众参加民兵，不仅从政治上动员，并且还要给群众以实际利益。如破桥梁，木头给群众，竹篱、电线、枕木群众可以卖钱，拆下碉堡的砖瓦给群众。群众出动的时间我供给他们粮食，群众有伤亡我给有抚恤金，模范者勇敢者有奖，开大会鼓历〔励〕他们，因此在新四军下的几百万壮丁，对敌分散作战是很有效的，我之所以能够坚持，与群众的配合这是有很大作用的。

这里对使用群众使用民兵，乃是一种指挥和动员的新艺术。比如最初，带大批人民去破路，不管讲得怎样的好，群众无论如何是害怕的，待同我们多搞几次后，就感到没有什么，新四军能够掩护他们，他们就不跑了，勇敢起来了。他们感到不但可以得到东西，并且还可以保护自己的村庄，报复敌伪烧杀的仇恨。我们又给以训练，和一些新旧武器的简单装备，因此参加战斗成为人民的日常习惯。通常办法是新四军在第一线作战，第二线总有几百老百姓配合，新四军有负伤的就马上去抬下来，他们可以跑上去拿起伤兵的枪，接着来打。有些人感到了军队生活可以过得惯，慢慢就不愿意回家了，要求参加军队。要人民参战，强迫是不行的，只有慢慢从战争中带会他。

民兵就是新四军的预备队，如指挥部须要多少人，只要一个命令下去，就可以动员好多来，今年三月我离开华中时，我们第三师十九团战斗力较强，是本军主力团之一，原有三千人，由于几年作战的伤亡太大，只有一千五百人了，我们当时决定从民兵内抽调三千人，补充这个主力团，限一个月完成，由工抗会、农抗会、学抗会、妇抗会去动员参军，我们二月下的命令，我三月临走时就动员了四千人。为什么有这样大的收获呢？因为这些老百姓都是经过长期参战工作,有作战经验的，战斗情绪很高。他们步枪、手榴弹、埋地雷都能使用，动员参军也就很容易。

经验告诉我们，最初要老百姓去打仗他是很害怕的，国民党就是用捆绑的办法绑着老百姓去，这样愈捆就愈跑。我们的方法则完全相反，我们采取民主动员的方式，完全根据人民要保家自卫的热情，给以军事训练，在本乡本土逐渐参加小的战斗，每一次都使人民感觉打仗并不足怕，而且常常获胜，使他们情绪提高（切忌糊〔胡〕乱使用人民去打硬仗，碰硬钉子，乱碰一通，第二次就难于动员了），顾及群众心理、能力、情绪和他们的切身利益，给以必要训练和多多尝试的机会，这就使人民从战斗中学会了，这种办法正如画一张名画一样，一点不能粗糙从事的。（包上校说，这个办法好得很！）

这是新四军在敌后的艰苦条件下人民参战的一般情形。如果将来配合美英盟国进行反攻，胜利马上可以到来的情形下，我相信华中的老百姓参加新四军的一定是更大更多的。几年来中国老百姓经过七年的锻炼，提高了他们的认识，如斯大林格勒的胜利，他们听到了都是欢欣鼓舞的很高兴，欧洲第二条战线开辟时他们也是同样很高兴的，他们知道将来会有英美盟国军队配合他们作战的，因此将来成千成万的人民参加新四军是不成问题的。动员的百分比会更大。

以上就是新四军的一般作战情形。

现在我们来谈新四军本身与国民党的关系问题。

我们与国民党彼此之间的关系直到现在还是很坏的。国民党他们不承认我们，骂我们为叛军、奸军，新四军的人员不可在重庆出现，出现了就会被捉出的。为什么坏呢？有下面的几个原因：

第一，上面已经讲了，新四军开始从十三个根据地出发时，国民党允许以民主方式解决农民与地主的关系特别是土地问题，并允诺不侵犯新四军的家属，允许新四军设置留守处。但当新四军出动后，国民党即以武力向我进攻，杀我留守处人员及家属，造成我军全体指战员的奋〔愤〕怒。国民党把新四军这个老虎，以抗战为借口将其调走，调虎离山，然后入据其巢穴捉杀虎子，这是很毒辣的。这是弄坏关系的第一个大的原因。

第二个最大争执的就是，南京、上海、徐州、开封、武汉及长江两岸原为国民党的区域，敌人进攻后，国民党溃败退出，新四军去了以后，打开了新的局面，收复了这些地方，这时国民党军队也要开入，我新四军遇到了这样的事，最初是不拒绝他，并且很欢迎他来，因为打日本的力量更多更大就会更好。但是我们在打敌人的过程中建立了许多的秩序，如各种民众团体、民众的武装组织等，我们告诉国民党应该很尊重这些抗日组织，以取得人民帮助，国民党最初答应了，但是进来以后，就不与我们商量，解散各种群众组织，捕杀工作人员，说这也不对，那也不合法，使新四军不好处置这些问题。新四军考虑了这些问题以后，假使让其摧残下去，失掉人民援助，不仅国民党他又不能在敌后存在，而且连我们也会要与他同归于尽的，会造成整个抗战之失败。在这样的情形下，我们为了保卫人民抗日利益，提出了抗议，因此引起了磨擦。

第三，我们看这个问题引起了这样大的冲突，对抗战是不利的，我即提议划一些地区给他，免得在一道吵架，削弱抗战力量。国民党同意我们这个提议，但当我们划了地区给他以后，那些地区因为原来是新四军的地区，老百姓有很多都参加了新四军，有各种的组织，国民党来了以后，他就登记新四军的士兵与共产党员的家属，要挟他们写信到新四军，要在新四军的人员回家，违反者并且实行所谓以通匪论罪。因此，本来想用划分地区的办法来解决，反而使冲突更加增大了，新四军无法让他们肆意破坏，新的冲突又起来了。

第四个问题，关于许多地方武装及改造土匪的处理问题，又引起了很大的纠纷。在新四军未到前，在广大的农村中为土匪势力与地方势力所盘据〔踞〕，而且这些都多少与敌伪有关系，我们对这些问题的处理原则是不管他属何党何派何种思想，以及他过去历史如何，只要他现在真正能担任抗敌任务，我们不追究既往之事，而新四军就给他们以帮助，假如他们愿意加入新四军，首先就说明新四军是艰苦的，是没有报酬薪俸的军队，假如能过惯这种生活，那么就可自愿参加。在一道作战时，新四军给他们的任务是要看他们能担任什么任务，我们就给他们什么任务，有时给他们的任务是选择那最轻松的，使他容易获胜有余的任务。作战时将他们摆在安全的地方，我们得到了胜利品，大家都分。在我们这种政策下，许多地方武装很同情我们，就是很坏的土匪与敌人有勾结的（老百姓叫他们做“小日本”），我们是采取说服与劝导的方式，要他们改变，不轻动武，这种解决问题的办法，使他们纷纷靠近我们，要求参加新四军，派人来受训，参观我们，关系搞得很好。这在敌后本来是很好的局面，国民党来了以后，说只有他国民党才能救中国，新四军不行，抗战胜利后他们还是要剿新四军的，强迫许多的地方武装脱离新四军，而地方武装他们觉得自己在新四军的帮助之下，抗战得很好，不听国民党的话，国民党就实行缴械，这样就打起来。在这种情况下，新四军就出来调停，有时为了顾大局我们也采取让步政策，国民党他要，即劝这些武装到国民党那里去，而国民党把他们要了去以后，就将他们摆在前线，给以困难任务，让他们去受损失，假使他们垮下来，他们就缴械，假如他们反对国民党的错误办法，他们就说，这些武装受新四军煽惑，不服从他，又用武力解决。这一类问题非常多，总是纠缠不清，新四军为了抗战利益，不得不出来主张公道。

第五个原因，我们刚开到前线时，即受国民党歧视，经费不发够，故服装不整齐，我们军队装备更坏，我们军队讲求民主的团结和服从，故不注重形式，礼节比较差。我们军队不用国民党的号音，因为这些日本人都是知道的，我们用自己创造的新的号音。国民党军队与我们一道作战，他们看不起我们新四军，这些细节都受着他们的无理责备与咒骂，这一种侮辱，各位想一想，一支军队能安心受侮辱吗？特别在敌后给新四军的任务时，不仅任务给得很死板的，而且限定在狭小地区，不让有回旋余地，他们想把新四军钉死在一定地区，以便利敌人来消灭，这是他们借刀杀人的办法，以命令行使，无理的要新四军无条件服从，新四军为了抗战和生存，当然无法完全照办。还有对新四军肆意推敲，如往来礼节，公文程式等，甚至殴打人员，派特工破坏我军等。我不再多说这些小事，总之，他们以为新四军弱小可欺，非达到消灭新四军的目的不可。这是双方关系弄坏的原因。

我可以举一个例子给各位听。一九四〇年春，我的司令部在苏南茅山驻了两三年，原来茅山是划给我负责的，后来国民党的军队来了，国民党的四十师的李团派队硬要与我的司令部驻在一起，我要他另找房子，他们就说：“中国的地方大家都可以驻。”我们架的电线，他们就架在我们的上面，我们要他架开，他们又说“你架得我架不得！”我们的伤兵医院他们也要派兵来强迫合驻。其蓄意挑衅，胆大包天，企图消灭我们已达顶点。

在这种情形下，我们考虑了，我们假使一味的退让，新四军只有被消灭，假如新四军被消灭，就要影响抗战大局，这样才逼迫我们起来自卫。一九四〇年春天起，在苏北、皖东、淮北、苏南，各地国民党军队首先向我进攻，我们实行自卫，将其击退。是年冬，延安、重庆间往返商量，双方同意（在我们让步之下）将皖南的新四军部队撤退（军部与三支队在皖南，共有九千余人），让给国民党，以避免磨擦。在撤退前叶挺军长与顾祝同商量好路线日期，于一九四一年一月五日出发，到七日国民党即准备了七个师约五万人的兵力，在茂林地区将我完全包围，展开了激战，叶挺军长临战为了顾全大局，要求与上官云相谈判，上官允诺，待叶军长至他处后即将叶军长扣留。叶军长之被俘，是被国民党骗去的，否则国民党是没有办法把他俘去的。我共被俘去的干部就有三千多，现在都被关在国民党三战区的集中营内。突围的部队有一千余人。新四军这次的损失虽然很重，但是仅只占其当时全部力量的十分之一，新四军的力量与在抗战中的地位并没有动摇。

有一个最具体的证据，可以证明国民党是有预定计划的，这个外国人是不知道的。在一九四〇年十二月初，我们的行李、辎重、残废、妇女一千余人安全的通过国民党地区，部队第二批行进时，就包围打我们。这证明是有计划的。

后来我看到国民党蒋介石对皖南事变的解释与申明说是军纪问题，说是新四军破坏军纪。这是绝大的骗词，因为犯纪律的不是执行命令的叶军长，而是下命令的蒋介石。

（讲至此处，包上校要求对这些事件写一个文件，陈军长答应写一个，故不详细记录了。——记录注）

我在此有点要着重说明的。几年来国民党方面企图把我党与新四军同他们的争论认为是为了共产主义而争论，恍惚由于他实行三民主义，我们在敌后实行共产主义，所以双方不协调，故有磨擦。我申明这是不符合事实的。我们共产党员当然是信仰共产主义的，正因为具备了共产主义的知识，来分析中国政治经济状况，才更坚强主张现时的中国条件需要建设一个民主的中国，战后的中国极适宜建设一个英美式民主国家，这是我党准备几十年去努力的奋斗目标。所以国民党与我们的争论全部内容是抗战怠工与坚决抗战的争论，是实行一党专政反人民反民主与主张各党各派合作为人民服务，建设民主新中国的争论。事实上国民党在重庆大后方实行的是一党专政的封建独裁，我们在敌后实行的是照顾各阶级人民的抗战的新民主主义，拿孙中山先生的三民主义的办法来对照重庆与敌后双方，则知道三民主义在敌后实行有成效，而重庆则早已违背孙中山和他的三民主义了！

我想具体的讲一讲：比如各位看到的重庆与延安地方和我看到的华中地方，

假如与美国比较起来，特别经济物质方面基本条件，是要落后一百年到一百五十年的。抗战以后最大的问题是经济建设问题，这个经济建设问题首先是改善几万万人民的生活，如华莱士先生所说的中国的需要是如何改善人民生活与进行土地改革，如威尔基先生主张，在中国应该发展中农。这些判断都很对。中国几万万人民生活不改善，所谓民主和建设真无从谈起，经济上不承认改善人民生活，一切的政治自由民主还不是一个空谈？我认为中国全国人民的需要，在目前是如何驱逐日寇出中国，抗战胜利以后是如何进行民主的政治经济的建设；更具体讲：比如说是把延安现在用的纺车变成机器，把现在我们用驴子作运输工具，变成为用火车、汽车，更具体更浅显的说，就是在延安城河上架一座很好的铁桥，免得大家过河脱了鞋子，又麻烦又费力，水涨时还有危险（笑），我们斗争的目标是这样。谁人能把这些人民的需要满足，每个老百姓都是会很赞成他，比如在延安种地，过去都是一个人用锄头慢慢锄，后来我们把老百姓原有的扎工变工办法加以改组发挥，马上在几百万人中流行起来，把它普遍起来，老百姓感到很好，就很拥护我们。我们取得群众拥护，就由于我们能替人民办事；国民党遭人民反对，就由于他们不替人民办事，而且反骑在人民头上，弄得人民不能生活下去，既不是共产党有什么魔术可以任意指挥人民，而人民也不是本能的一定要跟我们走。这种替中国人民解决其迫切需要如目前抗敌和将来政治经济的民主建设问题，人民对各种信仰的态度也一样，天主教帮他，他就会对天主教有好感，基督教帮他同样对基督教同情，对党派来说，国民党能办得好，当然拥护国民党，共产党办得好，很自然会拥护共产党。在国际关系也是一样的，苏联帮他，英国帮他，他自然会与苏联、英国友好，比如美国对中国的抗战帮助很积极，中国人民接受了帮助会掉转来帮助美国的。我们很佩服美国林肯总统的民治、民有、民享三大原则。国民党的办法是独治独有独享，抛开人民，因此国民党的错误在于他们自视有霸占中国支配人民的特权，这是无法不引起中国人民反对的，而且一定失败的。我们共产党今天的成就在努力替人民服务，一切由人民选择。国共的根本分歧点在此，可供各位研究的参考。

现在来讲各根据地的情形。

苏中区是第一师担任。它的范围在长江以北，运河以东，斗龙港、大纵湖、淮安线以南，大海以西，有十七个县，一面负担的人口有五百万以上。地形情形简单的是：射阳河以南有四百里长的海岸线，射阳河以北是盐场，东台以东为棉田区与渔场，内部是水网区，在一千年以前宋朝时代海岸在串场河线，现在伸出几十里、二三百里不等，黄河的水流至这儿，老百姓为了防泛滥，挖了很多的河，把水放引到海里去，几百年来构成水网，敌人利用着这些河流常用装甲汽船在河里游来游去，河水面不宽，但很深（一二丈深），水离堤只一尺高，群众从此村至彼村都要用船。日军装甲汽艇船身很高，可以展望很远，我们的轻机枪重机枪手榴弹是对付不了的，他们不怕，我们小工厂造的小水雷因为是黑色炸药，也无大效，敌人的装甲艇一来就是几十艘，从各方面都来，配有步兵炮与机关枪向我扫射，我对付他很困难。水网区有七八县，人口多，物产丰富，我一定要控制这块地区才行。我们军部过去也在这处住了一个时候，现在一师师部在此，距离南京、上海很近，我取得情报及购买东西很近，坐船早上出发，晚上可到上海。对付敌人的装甲汽艇我们又没有炮，想了许多办法都无用，我想尽了一切办法，最初动员居民将树与拆旧庙宇的砖土沉到河里，将河塞住，无作用，敌人有炮就可以打掉，同时砍树对森林损失太大，最后与群众讨论出好办法，在冬天水浅时，在每条河筑坝，每隔几里路筑一个暗坝，比水面低一尺，每条河筑几百条，动员几十万群众来干，使敌破不胜破，但是我们的船可以过，商业交通无阻碍，我步兵又可以过。敌看到这个办法后，用步兵掩护来挖，但是很慢，一天只能走五六里路，使他没有办法。这一带的群众都有船只，渔户与商户有好几万，我们通通将他们组织起来了，编为大队、中队、小队，我们只要一下命令，就可以随意调多少听用的。另外，沿海从连云港至上海情形差不多一样，包括在一起讲。在沿海岸还有几十里百余里不等的沙滩，许多的木船潮来随着潮靠岸，潮退即浅搁在沙滩上，沙滩完了以后为浅海，敌大兵船不能走，更远的大洋就是日本人的世界。

近海区为中国海匪窝，海匪有木船，经常靠近很多小港口上岸抢东西，军队要打他是打不到的，他就到海里去了。

某军官问：这些海匪与日本人合作吗？

陈：不，下面要讲的。我们新四军到了以后，与海匪讲不要破坏我们，他认为新四军没有下海的能力，不理我们，很自大，仍然上岸抢掠。这些海匪自清朝以来是没有被人征服过的，因为陆军不能下海，且海匪的本事相当高明，有专门的训练，射击很准确，他可随着浪的高低而射击得很准。他们最初就凭着这两个条件与新四军对抗，最初我很麻烦的，打不到他们，但是沿海又是我们的后方，我们又不可能控制大队伍，我遂找到沿海的渔民（因为海匪对渔民很压迫的），与渔民的关系搞好，渔民告诉了我们很多的办法，我们遂以木船派一些队伍在海上练习，同时把所有大小港口封锁，使他们没有办法得到淡水与买到菜蔬等，并在海上将他们打败，他们遂自愿受我改编。我们就把他们编为四个海防队伍，供给他们给养，不要他们再上岸捣乱。我们得到他们很大的帮助，我们在他们的帮助下可以与山东、浙东联系，敌在近海防范虽然很严，但海岸上敌人无法常来。这些新编的海上部队对海里的情形是很熟习的，过去妨害抗战，现在改造过来对抗战有了帮助。

在沿海一带有芦苇，荒无人烟，故两三年敌人都没有办法达到，在沿海我们控制有七八个港口,敌人控制有三个,二三千吨的船可以入口,我们经常到上海运货。

苏中区我们有正规军二万，地方军一万，民兵除外。

第二区域从连云港西行到陇海铁路的炮车车站以南，从炮车至淮南的运河以东，从斗龙岗至射阳河以北为第三师的苏北区。灌云是一个很大的盐场，盐的产量比南面要好，可以作军事工业用，是很大的颗粒盐，日本人很重视这个地区。此外为大粮食区，并且是中国产水果最好的地方。

在这个区域有正规军近三万，地方军一万，共四万人。

以上这两个地区为敌人最注意与战斗最激烈最多的地区。

沿海有七百里长，较安全可以依托，在作战上较为方便，不是处于完全被包围的形势。我们在海边有很多船，假如敌从陆上来，我可以从海上转移，假如从海上攻我，我可从陆上转移，他们海陆是没有办法会合的。

在淮海区水少，在青纱帐时期我可以采取攻势，在南面正是水涨时敌可采攻势，冬季水落在南面我又可取攻势，在北面青纱帐倒敌人又可以采取攻势，是这样互相轮翻交替着。

第三、四个地方，长江以北，运河以西，津浦铁路以东，在这个狭长区划成两个区，淮北第四师活动区，淮南第二师活动区。

淮北第四师地区是平原，主要产粮食，日本人的坦克、汽车到处可以走，没有河流阻碍，树也少，地方较苦些。淮南有小山地，主要产粮食同鱼。

二师有二万五千人，四师有二万人。

洪泽湖很大很深，沿岸过去国民党曾利用，很便飞机着陆，现广大地区均为我控制，军部曾在这一带住过。

包上校问：区分淮北淮南是以这个湖吗？

答：对。

第五个地区为七师的皖中区。它在淮南路西，沿长江至黄梅、宿松及皖南一部之沿岸各地，为七师地区。皖南突围出来的部队就在这个地区。

以前淮南铁路只至田家庵，现在已经修到蚌埠，已通了车，将田家庵以南的都拆掉，最近来电报告芜湖对岸已经拆了七八十里。田家庵是一个很重大的煤矿。

某军官问：是不是将田家庵的煤经蚌埠转至连云港运出去？

答：是。

淮南路东有二师一个旅及七师两个团，中间夹了国民党四十八军一七一师的部队（广西军），经常向我军找磨擦。

七师地区正规军与地方军共有八千人。

第五师是以武汉外围为中心，平汉、粤汉路两侧，西至宜昌，东至黄梅、宿松，这个广大地区为五师的鄂豫皖边区。有五十几个县，正规军三万，地方军二万，共五万。隔苏皖各区较远，在地区上不能联系，靠派武装部队联系。

五师的特点是中间是敌人，第二层是我们，外围则是国民党军队，我即在这两面夹攻中生存着。东为大别山，西为桐柏山、大洪山。大别山为过去红军的根据地，群众武装斗争经验很丰富。

我们五师在国民党与日本的夹攻中，直至今天仍坚持着。

鄂南——大冶、武昌、岳阳间几百里路长之敌伪地区内，亦为五师部队的游击区域。

苏南在南京、镇江、上海之间，西至芜湖。我一九三八年第一次到敌后首先就进入这个地区。皖南事变前，我主力北渡，留了两个旅，编成第六师，在这个地区坚持直至今天。部队有七千人。

敌人对长江的封锁虽然很严，但是阻止不了我们，我们的部队渡江还是能行的。

最后，浙东地区，蒋介石的家乡，这块地区是在一九四二年浙赣战役以后组织起来的。从海上与一师可以联系。与苏南的联系尚未打通。产盐、鱼。我们的范围是在杭州、宁波铁路两侧地区，为我浙东游击纵队所活动。

该区象山港是很好的军港，几十年前意大利曾要求租借，未准许，现在日本已经利用了。

该区我们有五千人的实力。

华中根据地的全部情形大概如此。完全在民主政权下、不受敌人奴役、只向我缴纳一点公粮的人民总数有三千万（而整个湖北、安徽、江苏、浙江沦陷区的总人口约六千万以上），共有一百四十七个县治，军队的数目在我从华中动身时的确实统计，共有主力团廿八个（每个团一千五百人左右），这是各种战斗都能个担负的，乙等团有七十三个（每个团七百至八百人），两者都是穿着军服的正规军，有十八万。民兵是着老百姓衣服进行生产有战斗时参加战斗的，共有五十五万人。这是一个确数，常有一两万人的差额的，如缺额超过三万人后，一定要补起的，才能应付敌后战局。但是太多了，如果扩大部队超过十八万，则现有经济、武装、敌情等条件都是不许可的。假如国内外条件变了，须要进一步的扩大，在反攻的第一年扩大到三十至四十万是不困难的，同时我军还可以担负各种战斗任务的，现在我们正在作这样的打算。

新四军在敌后十八万军队所抗击的敌军，正是国民党一、三、五、六、九战区及苏鲁战区(共有一百万人以上队伍)所共同抗击的敌军,本军任务之重可想而知。

新四军内部组织与训练情形，因为时间的关系今天不准备讲。我在朱总司令处看到包武官送给的史迪威将军总部发的关于远东之作战法和步兵训练纲要两本小册子，我看了好几遍，在这册子里面有很多战术指导原则很合乎我们训练部队的需要，我准备带回去给我的部队作教材。其中关于伏击战术，夜间动作，处理俘虏，要部队就缅甸地方气候地理就地取材以及破击战术等，有些均与我们的办法不谋而合，我们的许多经验彼此可以互相交换，因为敌人相同，地点又同在远东之故。

（包上校：这本书我尽量设法多弄些来，另外你们对这本册子有何批评或增补，请写下来，你们八路军、新四军的经验又好又多，不客气指教。）

最后结论是，日本人认为中国是他大东亚战争的兵站基地，同时要以汪精卫为首，建立所谓和平反共的伪组织，划华中为和平反共模范地区，认为是中日满协同的高度结合地带，几年来日本人均以此作为基本方针。新四军七年的基本方针就是破坏他的企图，使他的目的达不到，我们的基本任务是努力在作，是尽了我们一切可能去作，是有很大成绩的，他们已经知道消灭新四军是不可能的，最后配合同盟国来反攻，我们反而要消灭他。我们与国民党不相同的地方，在于我们不采取等待办法，而是尽一切的力量去作我们应作的和可能作的事。

我们新四军在目前来说，一方面弹药缺乏，一支步枪最多三十发子弹，我们基本上是靠手榴弹（每人亦只能带四个）和刺刀作战，新的技术是不高明的，譬如敌人用石头、砖、铁丝网修一个堡垒，要新四军去解决，我们只能在夜间以手榴弹及坑道作业去接近，用肉搏战去解决。我们曾经缴了许多迫击炮，但是没有弹药，我们就想了一些办法，将迫击炮的后背钻一个眼，装上很多火药，捆在车上，夜晚很隐蔽的抬到敌人碉堡附近，瞄得很准的一炮打过去，将碉堡打塌一部分后，步兵冲上去即进行白刃战。这样的迫击炮打五十发后就不能用了。各位可以从此处看到新四军惯用夜战、白刃战、伏击战、袭击战的战斗性格。我军的战斗勇气很高，可以压过日本军队，但武器火力和技术兵种是太缺乏了。

新四军是很分散的，集中训练的时间不多，现在我们正设法改善这条件。为了使各位更明了这些问题，希望美军观察组有人到那边去考察。

现在敌情与几年来本军作战总结数字，我可以要参谋部写一份给你们。关于敌后抗战的民主政治设施，经济建设，文化改革，人民生活改善诸方面，以后有机会再讲。今天占了各位很多宝贵的时间，对不起得很。

完了（大鼓掌）

1944.8.10

《解放日报》社论：欢迎美军观察组的战友们

1944 年 8 月 15 日

欢迎美军观察组的战友们

美国驻中缅印军总司令部（即史迪威将军总部）所派遣的美军观察组，现在到达了延安。这是中国抗战以来最为令人兴奋的一件大事。我们谨向远道来此的观察组全体人员，致热烈欢迎之忱！

我们欢迎美军观察组诸位战友，不能不想到美国在世界反法西斯战争中的光辉战绩和美国人民见义勇为、不怕牺牲的伟大精神。不论在欧洲、非洲和亚洲，现在都有英勇的美国将士效命疆场，为解放法西斯铁蹄下的人民而流血战斗。在我们中国的抗日战场上，美国亦直接和我国人民并肩作战，成为最亲密的战友。在这个欢迎美军观察组朋友们的时候，我们向美国政府、人民、海陆空军将士及其英明领导者罗斯福总统，表示衷心的感谢。

美军观察组战友们的来到延安，对于争取抗日战争的胜利，实有重大的意义。七年以来，近五十万的八路军、新四军和八千余万被解放了的人民，在华北、华中、华南三大敌后战场奋勇作战。很久以来，事实上，敌后战场成了中国抗战的最重要战场。在这里，抗击了在华敌伪全部兵力的六分之五；在这里，几乎一切中国的大城市均被八路军、新四军所围困；在这里，大部分的敌占海岸线均被我们控制了。这种情形，一向为盟国朋友们所不明了。

在过去，在盟国政府与盟国人民方面，他们所了解的中国抗战情形，完全与上述相反。他们所得的印象是：中国抗战的主力军是国民党，国民党在抗战中所做的工作是最多的，大多数敌伪军由国民党所抗击，将来反攻日寇自然也是主要地依靠国民党。这些印象直到现在还是统治着盟国朋友大多数人的思想的。

所以出现了这种完全违反事实的现象的原因，主要的在于国民党统治人士的欺骗政策与封锁政策。他们欺骗外国人，说国民党如何的努力在打日本人；实际则从一九三八年十月以后整整五年半时间，他们所取的政策基本上不过是坐山观虎斗的政策；直至现在，除湖南与缅甸外，大多数战区依然还是如此。他们欺骗外国人，说共产党不但“不打日本人”，而且总是“破坏抗战，危害国家”的；实际则抗击敌伪军六分之五的，正是这个所谓“不打日本人”而又“破坏抗战、危害国家”的共产党；至于那个天天高叫“民族至上”的国民党，他总共不过抗击了六分之一的敌人而已。共产党既然一不打日本人，二又破坏抗战，三又危害国家，那国民党早就应该召号［号召］外国人中国人大批的前往共产党区域去视察，好去证实一下国民党先生们所说的并非撒谎，但是绝不，反而封锁得铁桶似的。五年多的时间，一不许共产党发表战报；二不许边区报纸对外销行；三不许中外记者参观；四不许边区内外人民自由来往。总之，只许国民党的丑诋、恶骂、造谣、诬蔑向世界横飞乱喷，决不许共产党、八路军、新四军的真象稍许透露于世。只要看此次记者团访问边区，是经过怎样的艰苦奋斗才达到成行目的，就知道国民党统治人士一面尽情丑诋，一面却不许人来看，是什么一种挖空心思而又自相矛盾的想法了。

但是事实胜于雄辩，真理高于一切，外国人中国人的眼睛，总有一天会亮起来的。现在，果然慢慢地亮起来了，中外记者团与美军观察组，均先后冲破国民党的封锁线，来到延安了。这是关系四万万五千万中国人反抗日寇解放中国的问题，这是关系中国两种主张两条路线谁是谁非的问题，这是关系同盟各国战胜共同敌人建立永久和平的问题。国民党人说：“国共争论问题是中国的私事”，这不过是国民党人在抗日战争中所犯罪过的一块遮羞布。这块脏布之应该扔到茅坑里去，现在已是中国人外国人的公论了。

关于国民党的抗战不力、腐败无能这一方面，大半年以来的外国舆论与中国舆论，已经成了定论了。关于共产党的真象究竟如何这一方面，大多数外国人与大后方的中国人，还是不明白的，这是因为国民党人的反动宣传与封锁政策为时太久的原故。但是情况已经在开始改变。大半年以来的外国舆论中，已经可以看见这种改变是在开始。这次记者团与观察组的来延，将为这种改变开一新阶段。

由于来延外籍记者的报导，中国共产党、八路军、新四军和各抗日根据地的真相及其对于协助盟国抗战事业的重要地位，将逐渐为外国人所明了。下面的例子可以证明这一点。七月一日的《纽约时报》在其《中共领导下的军队是强大的》一文中说："无疑地，五年以来，对于外界大部分人是神秘的共产党领导下的军队，在对日战争中是我们有价值的盟友。正当地利用他们，一定会加速胜利。"这篇文章是根据外记者的报导而写的。

早在一月七日的《美亚杂志》，在其《作为反攻基地的中国游击区》一文中说："许多军事当局的意见，认为如果边区的部队能得到充分的援助，这些区域可以成为缩短对日战争的有力的反攻基地"。

六月十日的美国《星期六晚报》杂志，登载了美国名记者史诺的一篇题名为《六千万被忘掉的同盟者》的文章中，对于中国各个敌后抗日根据地和八路军新四军的战略意义，有很精辟的见解。他说："二月间，尼米兹上将宣布美海军拟在中国海岸上建立基地，以便从那里攻击台湾和日本。香港或广州或将首先为美军攻取。但是轰炸机由这些城市起飞到日本去，仍是遥长的距离。只是在更北面的地方，中国才是最接近日本。因此在那里的中国游击队，对我们有很大的潜在重要性。"

这些是从国民党遮天手掌的指缝中间露出去的关于中共情况的反映。

现在不但外国记者团到了延安，而且美军观察组也到了延安。我们相信，该组的战友们一定会对此间情况作周密的和深刻的观察，并对于双方如何亲密合作以战胜日寇，必能多所擘划。国民党想要永远一掌遮天，已经困难了。

我们预祝美军观察组的工作的成功。我们希望这一成功，会使美军统帅部对于中国共产党始终坚持团结抗战、实行民主的政策，和共产党领导下的敌后抗战力量，获得真实的了解，并据以决定正确的政策。我们希望这一成功，会增进中美两大盟邦的团结，并加速最后战胜日寇的过程。

中情通报

1944年8月15日

中情通报

八月十五日

（一）由于抗战中我党力量发展，国民党军政腐败，特别是豫湘战争惨败，引起美英耽心和极大注意。外记者团，美军事观察组先后来延，目的即在了解我党实力及其在反攻中的作用，搜集敌伪情报，寻求对日作战的便利条件和基地。

（二）今年三月，外记者要求来延，经国党多方阻难，但终于组成中外记者团于巳佳抵延。中记者与外国神父夏南汉已于午元返渝，其他五外记者仍留延，并将于十七日动身赴晋西北参观。外记者在延所发电讯，大多描述我党民主实施，抗战工作及生产建设之努力和成绩，对我有利。即先行返渝之夏南汉神甫亦认为边区是好的，国民党想利用他反共，没有成功。

（三）中记者代表中央社及大公、中央、扫荡、时事、国民、新民等报，除少数特务及顽固分子故意歪曲事实进行破坏外，多数对我边区生产运动、经济建设、民主设施、军事力量之成绩，表示惊佩。中记者在西安时，陈诚、祝绍周曾和他们谈话，多数记者表示：陕北军事、政治、经济、文化、教育均有进步，尤其政治工作的效能，人民生活的保障，士兵的健康与训练，特别有成就。中调局特务杨嘉勇（以中央社记者名义来延）给中调局的报告亦不得不承认我党伟大成功。例如他说：

共党自实行拥军运动与军垦政策后，军力已非吾人所想像之疲弱，士兵营养亦良，身体亦佳，战斗技术训练亦渐正规，军民之间，感情融洽，宛如家庭，尤以生产运动后，物质条件亦不缺乏，故精神亦好。

毛泽东确为一有风度之政治家，非外面吾人所想像蓬首垢面之状，其领导权威，确有登高一呼，万民皆应之状，无论军政商民对其莫不敬仰，其政治势力与其思想已深入民间各阶层。对其宣传之成功，不得不惊讶。再官民之间，无鸿沟，无隔膜，更无敲诈勒索之现象。

经济方面，生产竞赛，开垦开荒，劳动英雄，皆为共党目前工作之新方向。其特点为上下一致，大家工作，失业工人甚少。共党物质并不缺乏，日用品布疋，到处皆有，我方军事封锁不生效力，共党在大后方购买之物资施贿后，即可通行。

延安文化人，对西安特务活动，甚为痛恨，彼等皆不愿回大后方，唯恐被捕，丁玲、艾青、吴伯萧 < 箫 >，仍健在，且发表文章，王实味仍未革除，且已悔过，共党政治征服之方法已获成功。等语。

（四）由上可见，尽管国党不遗余力的封锁边区，造谣诬蔑，但中外记者团来延之行，已将我党英勇抗战及诸种建设之成绩，透过国党封锁，传播中外，使我党政治影响更加增大，我党在国际上的地位更加提高。即以国民党特务杨嘉勇等而论，虽其对外仍是反对我党的，但对其内部亦不得不佩服我党力量。

（五）美军观察组十八人将有一部分人员去前方，将来外国记者亦可能有人去前方，届时中央当有通知。望各地注意增强自己的工作，做出更好的成绩。

（毛泽东批示：照发。毛泽东 八月十五日）

中共中央关于外交工作指示

1944 年 8 月 18 日

关于外交工作指示

（发给各局并转各区党委）

自五月底中外记者参观团来边区后，接着便有美军观察组十八人奉史迪威总部之命先后来延，并将分赴前方。同时美军第十四航空队亦派欧高士少校及一上士经五战区前往我鄂中五师地区，担任前线侦察。综合此种情况，中央特作如下通知：

（一）由于我党政军民的努力和国民党统治人士的日益反动与无能，目前两个中国（新民主的中国和法西斯化的中国）在抗战营垒中的对照是更加明显了，这次外国记者、美军人员来我边区及敌后根据地，便是对我新民主中国有了初步认识后的实际接触的开始，因此，我们不应把他们的访问和观察当作普通行动，而应把这看作是我们在国际间统一战线的开展，是我们外交工作的开始。但须指明，这种外交现在还是半独立性的外交，因为一方面重庆国民政府还是中国人（我们在内）及同盟国所承认的中央政府，许多外交来往还须经过它的承认。但另一方面国民党是不愿意我们单独进行外交活动的，我们与同盟国家只有冲破国民党种种禁令和约束，才能便于我们外交来往和取得国际直接援助，所以我们的外交，又已经是半独立性的。同时还须指明，外交正是我们工作中所最不熟悉的一方面，我党同志首先是高级领导同志，应该对于这项工作开始予以注意予以学习。如果大家承认八年来国内统战政策，曾经给我们以极大的发展，那么，今后国际统战政策，将可能给我们以更大的发展。而且，如果国际统战政策能够做到成功，则中国革命的胜利，将必增加许多便利，这是可断言的。

（二）国际统一战线的中心内容，是共同抗日与民主合作，这不仅在抗战中有此需要，即在战后也有此可能。就国家言，美苏英与中国关系最大，而在目前美英与中国共同抗日，尤以美为最密，美军人员来我边区及敌后根据地的理由，为有对敌侦察和救护行动之需要,准此可争取其逐渐扩张到对敌作战方面的合作和援助，有了军事合作的基础，随后文化合作，随后政治与经济合作就有可能实现。但目前不应希望过高，目前美英苏外交的重心仍是放在国民党方面，且就英美内部言，也有进步、中间、顽固三种势力存在，即在其政府中亦复如此，而英又较美为差。故我们对其政府及其来往人员不应看成一模一样，而应有所研究和分析，因之在国内统战中的策略原则，一般的也适用于国际统战。不过在目前且因外交原因，凡愿与我们来往的英美人士及其军事人员，顽固保守分子总还占少数，且其顽固又常常是只反对其国内共产党，而不反对我们者，故其情形又与国内顽固分子有别。因之我们外交工作中心，应放在扩大我们影响，争取国际合作上面。即遇顽固分子仍应诚恳说服给以好的影响。这次记者团中有一个天主教神甫本来对我成见颇深，但经我们争取，他即表示好感，拒绝国民党利用他反共的要求。

（三）国际统战政策，在目前最主要的应是外交政策，陕甘宁边区施政纲领第二十一条是我党外交政策的总纲。目前实施原则，军事上是在取得我们同意和遵守政府法令的条件下，同盟国的军事人员及其武装力量，可进入我们地区，执行共同抗敌的一切工作，并取得我们协助，同时我们也欢迎盟国给我军以军火物资药品和技术上的援助。政治上，我们欢迎同盟国在我边区及主要抗日根据地派遣外交使节，或设外交机关。文化宣传上：我们欢迎与盟国文化合作，欢迎盟国通讯社或其政府新闻处在延安设立分社，或派遣特约通讯员及记者来延，并给以至各地访问之便利；通讯的电信，政府在原则上不放弃检查权，但在实际执行时，非泄露军机、造谣生事、破坏政府者，我们概予放行，不予检扣，以示与国民党区别。对敌军民宣传，我们欢迎盟国合作并交换经验。在宗教方面，我们实行政教分离，我们容许外国牧师神父来边区及敌后根据地进行宗教活动，并发还其应得之教堂房产；同时这些神父牧师亦须给我们以不反对政府、不反对共产党领导之保证。在救济方面，我们欢迎美英加拿大等给我们以医药器材和金钱的救济，同时我们更要求国际善后总署必须算入和承认这拥有八千多万人口，而且遭敌蹂躏最甚的地区的救济。在经济方面，在双方有利原则下，我们欢迎国际投资与技术合作，我们首先要求国际工业合作委员会的继续合作。这一切，就是我们目前外交政策的具体步骤。

（四）为使我们的外交政策和活动不犯错误，首先必须站稳我们的民族立场。近百年的中国外交史，中国人在民族立场上曾有过两种错误观念。在义和团事变前，排外的观念占上风，其后惧外的观念占上风。五四到大革命，惧外观念虽曾一度被民族高潮冲淡，但国民党当政二十年，即在抗战时期，上层人士的惧外观念仍很浓厚，这不能不影响中国社会。故我们应一方面加强民族自尊心自信心，而不是排外，另方面要学习人家长处，并善于与人家合作，但决不是惧外媚外。这就是正确的民族立场，也就是新民主主义中国的新人典型。这种新人典型，已经在敌后在边区广大军民中不断的成长，而且已为国际朋友所开始认识，我们新民主的中国人都应该坚持着这样立场，不致有所偏颇。

（五）在外交工作本身，我们目前应注意的是：①一切应争取主动，切勿陷于被动，更不应有求必应，而应有所取舍，或有所轻重，凡我所能而且愿意使外人知道和参加的事，可由我主动的有计划的加以布置，即使是我们的要求，我们也可使其自动的先向我们提出，例如军火援助，国民党天天向他们噪咶，要这样那样，我们则暂不提起，反而引起他们的尊敬，向我们先提，虽然目前因国民党反对事实上还难办到。各地见到盟国人员，不可一见面就问他要东西。②我们执行政策，进行工作应坚定不移，事前应周知博访深思熟虑，但一经决定和宣布之后，便应力求贯彻主张，这样方易取得外交胜利，尤其是军事外交，更应肯定坚定，当然这是指原则性的问题，若在技术方面，则又应当极其灵活机动，不拘一格。③关于文件材料及谈话内容，可告者应力求真实，不可告者应力求隐蔽，其有关国家机密及党内秘密者应拒绝答复和供给，其不便答复者应避而不谈，或设法推开。④外交态度宜谨慎坦率，一方面勿失去警觉，另方面勿吞吐支吾。⑤招待方法要守时守信，朴素热烈，一方面切忌铺张，另方面也不可冷淡。⑥各地一切对外交涉和具体协商，统应电报中央批准后方得进行。

上述各项，凡有国际统战关系或外交工作的地方，均应向干部中传达，并进行讨论，以求一致遵守。

中央　八月十八日

毛泽东关于收集日寇军事情报供给盟军给山东军区和新四军军部的电报

1944 年 8 月 20 日

收集日寇军事情报供给盟军

山东军区、新四军军部:

为了表示以我们现有低劣条件，尚能获得一些必须与可用情报，供给盟军，以便给美国观察组以根据，向华盛顿报告，从而推动美方重视我们活动，更加速的考虑对我援助，我们对你们要如下最低有关海军材料（他们对沿海方面的这些情形，是很重视的）。

（一）青岛、烟台、连云港常舶〔泊〕兵舰数目及类型。

（二）上述各地，每日进出口船舶数目（应有人经常采访此项材料，并颁不隔日期的经常报告）。

（三）确实查清连云港是否已设为潜艇根据地，经常有若干潜艇活动（此条必须确实答复）。

（四）盟机轰炸后，日军及敌后人民情绪的反映，日军之军事设备、工厂等，在轰炸后有无向东北及朝鲜迁移状态。

以上材料，望你们以尽可能的速度收集，于九月初复我，如有现成材料，可即告，并望你们专门建设这种情报工作，供给军委。

毛泽东 未号（八月廿日）

毛泽东关于在太行、山东、华中建飞机场给邓小平等的电报

1944年8月20日

在太行、山东、华中建飞机着陆场

邓滕、罗黎、张饶：

（甲）美军观察组（包括美国海陆空军及各种技术专门人员）一行十八人，在延安从事研究我军及敌伪军工作近廿天，并准备到各地参观部队、工厂和学校，九月间将派人到敌后各根据地去考察我军实力和抗战活动，并搜集敌伪情报材料。他们到延安后，观感极佳。

（乙）他们拟坐飞机到敌后，望在太行、山东、华中三地区，选择适当（上空开阔，地面坚实）地点，各开辟一个飞机着陆场，长需七百米，宽需二百米。

（丙）为秘密起见，对内不宣布，你们可召开运动大会，进行部队的体育和技术比赛，藉此开辟运动场，为飞机着陆之用。

（丁）这一工程，必须有首长负责，专门指导。你们选择在哪一地点，要多少时日竣工，望先电复。

毛泽东　廿日

毛泽东关于同意欧高士所提在五师设无线电台网等复李先念等的电报

1944年8月21日

同意欧高士所提在五师设电台网等

李郑任陈，并告张饶：

虞、佳、删三电均悉。

（一）陈纳德派往你处之美空军人员，事前未曾通知渝办，即在延之美军观察组亦不知，恐系美空军因救湘事急，欲对武汉有所侦察和行动，而陈纳德与史迪威之间也不甚协调，故取得国民党同意后，即径自派人联络。你们可将美军观察组到延安事告之。

（二）可告欧高士少校，彼所提三项问题，已得延安批准，均可合作办理：

第一，可先在五师范围设无线电网，将来再在长江下游及广州附近设置，惟均须得到延安批准；

第二，可供给敌军情报；

第三，美海陆军登陆时协同作战问题，我们正与驻延美军观察组人员协商，准备一切。

（三）我们外交方针见中央另电。

（四）彼虽不管中国问题，但你们可在合作过程中将国民党进攻破坏情形告知，请其反映到上面去。

毛泽东 未马（八月二十一日）

附 1:

李先念等关于对欧高士来新四军五师之目的估计给毛泽东等的电报

1944 年 8 月 7 日

对欧来我师之目的估计

毛朱王:

据二军分区八月七日电称，前我派送美机师之周副官已回，并随有曹勗部（国民党鄂中游击指挥官，反共坚决）李参谋一人。据送周 < 人 > 称：由五战区长官部动身，随来有美国少校欧高士一名。带有许多美国物品来拜谒李师长。现欧住在曹部，等李参谋回后即来我部，我们已派人去欢迎。并指示暂不作公开宣传，以免引起敌人注意。除与之谈我军在中原、湖南战役中配合作战胜利外，对其他政治问题避而不谈。待到师部明知其来意后，再与之正式谈话。但我们估计欧来之任务，可能是建立对武汉情报工作，利用我区作对敌之政治活动，除此而外，尚有何目的，则无判断。中央有何指示，盼速电示。

李、任、陈 虞日

（毛泽东批示：抄弼、刘、周、彭、康、叶、朱、陈、博）

附 2:

李先念等关于美军派人到五师给毛泽东等的电报

1944 年 8 月 9 日

美军派到五师

毛朱王并张饶:

（一）据我二军分区齐日电称，大后方来欧高士等二人，现已到达曹勗部，等师部去信后即来我军。据回来人谈，欧等二人，系奉十四航空队命令，来驻我师，担任前线侦察，带有电台等件。欧系炮兵少校，现在中国远征军中美侦察组任职，另一美人为上士，他们并带有陈纳德将军正式介绍信。

（二）我们除派人前往迎接外，已决定不作宣传，保守秘密。欧以奥国医生名义出现，防敌探注意，并已安置安全住处。

（三）欧等来此，中央是否知道，通过重庆办事处否？

（四）欧来后对策如何？希详细指示。

李、任、陈 佳日

（毛泽东批示：请周拟复。抄弼、刘、康、周、彭、陈、朱、叶、博）

附 3:

李先念等关于欧高士已抵师部给毛泽东等的电报

1944 年 8 月 15 日

欧高士已抵师部

毛朱饶张赖:

美国十四航空队陈纳德将军，正式派了炮兵少校欧高士，偕亲随得胜，带有十五瓦报话两用机，已于十四日达五师部。据初步谈话称，其来五师，任务有三:

（一）商谈以汉口、上海、广州为中心，建立无线电通讯网。在目前，主要是建立汉口附近之无线电网。其办法，在师部设总站，边区通敌据铁路设若干分站，总站与樊城联络。

（二）要求我们供给敌军情报。凡有电台站，均设专人一人，专门接收译发我之情报，俾能随时与轰炸敌人后方补给线联络。

（三）初步磋商在中国沿海各地，美国海陆军登陆，新四军与美军的协同配合作战问题。他表示可以帮助我们资材，看我们怎样帮助他们。

某曾为驻中国总部侦察参谋，前在樊城工作，为人活泼健实，精通中国情形，来华已一年余。包括无线电人员，除他们二人外，别无随人。他们表示，中国内部问题不过问，他们此来亦无中国政府介绍信，仅陈纳德亲笔信。闲谈中，欧称：最近美军即拟在菲岛登陆后，即在中国海岸登陆。并称：他在此至九月底，即回昆明报告。如果与我们谈好，将派大批工作人员来五师。来时路线有两个：一空中降落，一系经老河口。因此，希望我们能找一个小型降落点。以上情形，是十四日谈话。续报再详。关于欧所提问题，关系华中华南我党部队与美军合作，事件甚大，如要与之商谈，祈电到后即商复。

李、任、陈　删日

（毛泽东批示：抄弼、刘、康、周、彭、朱、叶、真、陈、刘、聂、洛、明、博。毛）

陈毅关于与美军观察组谈话情况给毛泽东的报告

1944年8月21日

毛主席：

上周与美军观察组谈话情形前已略陈。数日前谢维四（鲍之秘书）又来我处拜访，谈了三小时。主要内容是两个，第一问题他再三问反攻时期国民党军队进入新四军地区，他们一定要打的，你们怎样办？他谈得很多。我答复扼要之点如下：一、以国民党招架不住的现状，绝难实行所谓反攻。二、如在盟军配合之下进行大陆反攻，一定需要调整一下全国国共关系和华中新四军关系，如没有新的调整，国民党军队进入我区，我军有各种理由拒绝他，很简单的理由，他历来不承认我们。

谢谈到此处，他又问即使有一个调整，但国民党恐将来会食言又打你们。谢又称他很知道国民党的反动作法，我于是又答复他说，如国民党当时又食言向我们进攻，我新四军单独的力量可以制止其反动行为。谢问（大意）把握有吗。我说有了。我举出各种理由。谢表示首肯。

此外谢还问，国民党在反攻未来前会不会坍台？国民党最近内部会不会有政变，各地方军人对我对蒋的态度等。我均就所知一一回答了他。

在这第一个问题上，我回答时注意到美方心理，一是藉明了我方对国蒋的态度来查明我党我军对远东问题、战后问题的态度，我照顾此点，为泯灭他们对我党的顾忌，均以坚持抗战，实行民主，要求战后和平的中国、和平的世界为奋斗目标来说明。特别说我党抗战几年来顾全大局、相忍为国的风度。（谢很赞成）

但是除了上述方面，我又顾及到美国人士中不少以为中共力量有限，故不得不如此迁就国民党。为了打破此种心理，故我又说我们的力量，无论国民党如何反动，改变不了中国的民主和平的发展方向，我党有力量打破逆流。我说了敌后大地大资、地方军人对我之同情，谢很感动，说“他一定要到华中去看一看，你们办法和成绩很好！”

以上是谈第一个问题的大概。

第二个问题，谢说此来具体商量是否用空中降落办法可到华中。他认为走陆路要四个月太慢。

此点表示美方对远东反攻是很积极的，我答应用空中降落完全可以做。他说夜间降落为最好。我说如夜间能降落则更无大困难。

谈话结束，他临走说，他回去与鲍武官商量后即可向史迪威提议办，并会一面通知国民党。

又问：“陈军长是否将来乘飞机回去？”我说“可以”，他说“你这一个负责人能会危险吗”，我答“一个抗<日>军人天天都在危险中，乘飞机反是最安全”，他又说“你重要事情很多，能提前离延吗？”

我回答“还有比反攻日寇更重要的事吗？”

谈话结束。

前天碰着鲍武官向我要关于皖变和苏北事件的材料，是第一次谈话后约定的。

我现在写了两个文件，将未尽之意又写在信里。鲍原说这个文件写好后送他转交美国政府看的。

今将两个文件和致鲍之信送阅，请你审查是否可用，或是否一定要交两个文件给他？

此致

布礼

陈毅

八月廿一

送呈

毛主席亲收

陈毅

包瑞德关于所需情报项目给叶剑英的信

1944 年 8 月 21 日

美军观察组

延安

八月二十一日、一九四四年

叶剑英将军

十八集团军参谋长

延安

叶将军阁下：

有一些事情，我愿将其写下，以便弄得更为清楚，同时又不致因口头陈述而浪费阁下之宝贵时间。

（1）组织“总管空军情报委员会”

根据阁下最近对琼斯与费特塞两中尉所作之适当提议，鄙人同意：如果总管空军情报委员会得以组成，则对于观察组所要求空军情报之紧要部分，必能提早实现。兹特提议：除由阁下担任本委员会首脑外，鄙人本身如获得阁下准许亦愿参加，以便配合实现观察组对于本委员会之要求。

如阁下认为适当，则可在本委员会之下设立如下各小组委员会：气象研究、目标情报、轰炸结果、空军地上救护、空军作战情报（包括一切敌人飞机场之情报在内）以及其他认为必要之委员会。

本函所附上之备忘录，系就气象研究、轰炸结果、空军地上救护、空军情报（空军作战情报）各小组委员会所需要之情报，加以一般陈述。其他特别情报，如有必需时，亦将按照同样项目，随后提出。

（2）历史资料

由于对共产党区域之封锁，以及中日战争爆发后，珍珠港事变爆发前，日本对于华北外文报纸之控制，以致共产党军队在华北之重要军事行动，从无精确之报导。为使敝国陆军部长官得以明了过去作战情况起见，如阁下愿对下列诸项目加以详尽之陈述，并附以地图及提要，鄙人将无任感激。

（A）一九三七年九月一一五师在平型关之胜利（此事鄙人已向林师长提出口头要求）。

（B）一九四〇年秋之百团大战；

（C）一九四一年正月，国民政府军队之进攻新四军（此点已向陈军长提出口头要求）

（D）过去七年中，日军曾对共产党部队进行无数“扫荡”，请就其规模广泛、性质重要者，加以概述。

以上材料不必写成英文，如已写成英文，亦请附送中文原件。

（上面有第（2）项，此应系第（3）项，原信如此，故仍之）

（2）每日情报摘要

鄙人必将感激者，如阁下允许鄙人派一军官每日至阁下之司令部获取阁下所收得之重要情报摘要，特别是有关于敌军调动及意图之一切要讯。再者如能将阁下控制地区中，以及国民党地区中之重要事件见告，亦将大有裨益。

（3）无线电及电话交通网

重庆美军司令部对于十八集团军及新四军之无线电及电话网分布状况，亟欲明了。如对于此种状况之情报，能以图表或大纲送交鄙人，必将特别有用，此种情报之高度秘密性，自属显然，鄙人保证一旦交来之后，自当以极端的小心加以维护。至于敌方一切交通状况，无论有线电无线电，对于美军，亦有最大之价值。

（4）关于地图之情报

八月六日阁下惠赠之共产党军控制区域图，业已在重庆获得极大之重视与赞扬，并将立即送往美国以便复制。重庆美军司令部技术部要求鄙人询问阁下之地图系根据何种并多少种大型地图加以调制。可能阁下地图所根据之各种地图，重庆美军司令部业已获见，如尚有未曾获见者，鄙人等亟愿求得该种地图各一份。

鄙人获闻在所赠地图调制之后，共产党控制地区最近又有增加，鄙人当然了解如欲将贵方地区中一切细微变动一概加入地图之中，必不可能，但阁下如能将许多最重要的变动见告，以便加入，鄙人必将为之欣喜。

（5）伪军分布之地区

阁下最近以许多有关伪军组织之重要情报交予鄙人，实属见惠之至，鄙人随后将这种情报送还，并要求加注伪军分布之位置。如阁下得便能以更完全之情报赐还，至感至感。

（6）美军医官赴前线地区之访问

敝组军医官凯斯堡亟欲访问一个前线地区，研究当地之军医勤务。鄙人亟愿阁下能为其安排一最接近延安之地区，以便其能于十月底以前赶回。凯斯堡医生对于延安之医药工作，极为热情。鄙人深信渠于访问前线之后，必能对于敌后军民两方面医药工作，向美国作一重要而精详之报告，因渠计划于十一月返美。

（7）在延安飞机场建筑掩护包

由于美陆军航空部队之飞机行将定期来延，鄙人深信如能在飞行机附近建筑一简单之掩护包，必可于敌机空袭中避免我机之被毁。适当之掩护包亦易于筑成，关于此事，如阁下同意，鄙人将派一军官前来商讨，时间当听尊便。

最后，鄙人对阁下业已给予观察组之绝大帮助，深表谢意，并深致问候之忱。

阁下之至友

大卫得 .D. 包瑞德（签字）

美军上校

附件：（每种一份）

备忘录 1. 空军作战情报

备忘录 2. 脱险工作（空军地上救护）

备忘录 3. 目标情报

备忘录 4. 气象情报

空军情报委员会

1. 目标情报

（1）总述

美陆军航空部队现有及拟定之轰炸作战，系包括华北、华中十八集团军、新四军全部控制或部分控制之地区在内。

在计划此种轰炸任务时，关于敌方事物之确切位置及其重要性，应有情报，此点最为紧要，因其足以提供我机轰炸之有利目标。

（2）目标

目标应包括下列诸点：

A. 足以生产日军作战物资之工业设备。此种工业设备包括工厂、矿山、动力厂。

B. 港口设备，以及船泊〔舶〕在港口河流之集中点。

C. 铁道广场，铁轨交错点，修理所，车辆集中点（火车头、货车、客车）。

D. 敌人飞机场。

E. 兵站、部队集中点、司令部。

此种目标情报应包括下列各项：

A. 目的物或目标之名称。

B. 目标之确切位置，附以经纬度。

C. 与目标位置有关之河流、湖沼、或其他显著之路标足以使我方航空人员由空中一望而见者。

D. 目标之重要性，例如目标系一煤矿，观察组愿意知道其大概产量之吨数，雇佣工人之人数，以及煤产之销场。

E. 设备建筑之型式。设备由何处炸入，最足招致毁伤。

（3）轰炸结果

需要关于由轰炸造成毁伤之情报。此种情报必需包括：

A. 目标之名称。

B. 目标之确切位置。

C. 何种目标：工厂、矿山、铁道场、飞机场或船舶。

D. 建筑及其土木工程物之破坏及毁灭。此种建筑物原有之用途及机能。

E. 轰炸造成之火头究有多起，及其燃烧之时间。

F. 轰炸造成之伤亡。

美军观察组

AP0879

八月廿日 一九四四年

摘由：要求共产党控制下中国地区之气象报告

送达：空军情报委员会、延安、中国

1. 为便利空军抗日作战起见，在共产党控制地区中之气象报告，成为急需。

2. 下列者系要求获得气象报告之地区：

a. 山东半岛，越向东越好，如有可能最好接近海面

b. 北岳区（在阜平或接近阜平）

c. 苏中区

D. 晋南区，接近黄河

e. 鲁西南区，譬如接近临沂

3. 上列地区中所设置之气象所，如能获得最快之通讯条件，必可使工作满意。

4. 下列者系向各气象所要求之要点：

a. 气象所代号（各气象所预先约定以便替代该所名称）

b. 报告日期

c. 报告钟点（最近似之地方时间）

D. 可见之气象（以观察时为准）例如: 0.雾; 1.微雨; 2.小雨; 3.和雨; 4.大雨; 5.狂风暴雨；6.小雪；7.大雪；.8.清朗（天空十分之三以下有云）；9.云（天空十分之三以上为云所遮盖）

e. 云彩须以天空几成或百分之几被遮盖来计算

f. 云之种类（如有可能观察）

g. 云高离地多少米突

h. 云彩移动之方向

i. 视线以千米突为计算

j. 风向

k. 风力，例如：1、平静，2、微细，3. 和缓，4. 强烈

l. 气压表之气压（如有气压表的话）

m. 温度（如有温度表的话）

（气象报告之格式附后）

5. 如有可能每一观察所每天须报告两次。每日清晨太阳上升约当地时间七点钟时须作第一次观察，下午五时（当地时间）则作第二次观察。

6. 任何区域当受得两三个气象报告时即须由当地总台立刻报告延安。

7. 极端重要者，为便于利用计，气象之搜集与报告，须将延缓时间减至最低限度。

8. 延安电台所收到之气象报告将能由成都转报而送达美军陆军电台。

9. 所有观察所对于气象研究中，肉眼能见之部分必须办到，即云彩、视线、当天气象等项。业已知道各地需要调制气压及温度报告之仪器，而各地绝少备有气压表，然而少数准确气压报告之重要性亦不必过分强调，同时各观察所必须牢记在心，遇有可能时，即应向敌人缴获气压计。

10. 我们准备一俟可能向重庆取得时，即将供给气压计。不过目前即需气象报告，

我们迫切希望此种气象报告能就目前所获得者而获得之。

11. 我们如能获知各气象观察所所在地之位置（经纬度）及其海拔高度，亦极重要。此种情况只须于开始观察时报告一次，如以后观察所位置遇有变动时，则须立即补报一次。

12. 兹特建议：每一气象观察 < 所 > 须约定一种代号，以便于报告中使用之。山东半岛观察所为 12 号，北岳观察所为 13 号，苏中观察所为 14 号，晋南观察所为 15 号，鲁西南则为 16 号。报告中凡涉及观察所名称时，即可以这种代号替代之。

13. 用不着说，任何情报赐交之后，即须极大的小心以及作为密件转递。

空军情报委员会

2. 空军作战情报

美军观察组空军情报委员会亟欲在十八集团军、新四军所能获得情报之地区，获得下列有关日本空军力量及分布位置之情报。

（1）敌人空军根据地及飞机场

A. 所有在使用中的敌人空军根据地及飞机场，其名称，其位置，及其经纬度，例如：航空供给站，航空修理站，飞机场，着陆场。

B. 与空军根据地及飞机场有关之显著的装备与自然情况（如山、湖、河等），此种装备及自然情况最易为我航空人员所望见。

C. 目前关于下列地区日本空军根据地及飞机场之情报特别需要：天津、石家庄、临汾、新乡、归德〔绥〕、徐州、太原、大同、张家口、开封、南苑、包头、运城；其他关于在使用中之日本飞机场，如有情报，亦亟需要。

D. 飞机场之面积大小及形状：

①飞机场及跑道之长度；

②跑道之方向（如由北向南或由西北向东南）；

③跑道之地面（土，沙，有草，或以他种材料铺过）。

E. 空军根据地及飞机场之装备：

①飞机库之数目及其体积之大小。

②修理所，其型式及其所能修理之能力。

③储藏汽油及炸弹之条件及容量。

④空军兵营 --- 建筑之数目及大小。

⑤无线电装备。

⑥防空：高射炮之数目及口径，高射炮座壕之地点。

⑦是否在该飞机场中对空侦察器。

F. 最适宜者系以地图或图表示飞机场与周围装备及自然状况之关系，以及飞机场本身装备之位置。

（2）敌人空军单位

关于敌人空军单位需要下列之情报：

A. 请就下列各单位之指挥军官姓名、密码名称、密码号数、位置及其时间，加以报道：--- 空军旅团（FB），空军团队（FR），空军训练团队（KFR），空军连队（FC），飞机场驻守营队（al），飞机场驻连队（ae），空军通讯队（FTL），空军情报队（FN），探照灯队（AQ），高射炮队（AA），机关炮队（HMA），以及对空侦察队。

（3）敌人现有空军力量（实力）

关于敌人机场之飞机数目，需要按照单引擎机或双引擎机等项搜集情报。并提议每一敌人机场飞机总数最好以无线电报传递，并提交空军情报委员会，越快越好。此外每星期对于每一敌人机场开到开走之单双引擎飞机须有一次总报告。此种开到开走敌机之数目，如系重大，则应立即以无线电或其他迅速之办法报告，因此种情报可能影响并修改美陆军航空部队之轰炸作战计划。

(4) 敌人空军作战

需要关于敌人单双引擎飞机对于轰炸或其他作战任务之调动。此种调动如仅两架三架，则不需以无线电传递，然而美空军委员会亦需要对于敌人日常侦察活动，巡逻计划及其航线，有所闻知。

(5) 敌人对空警戒系统

需要关于日方对空警戒之位置、组织、装备之情报，以便我机回避此种警戒系统，而使其失掉效果。此种情报则不限于中国与满洲，任何有关日方警戒系统之情报，皆有极高价值。这种警戒系统可以包括个别侦察员，听音侦察组，无线电侦察队（RADAR）。关于此种人员及其联系之任何情报，皆应搜集。

(6) 高射炮及探照灯

空军情报委员会愿意知道敌方用以保护其工业设备，军事集中点，停碇泊所及其他军事战略要点之高射炮，其数目，其口径及其位置。关于用以保护同样目标的探照灯及其电池电力，亦欲探悉。

脱险工作

1. 组织

希望能在各根据地、游击区乃至敌占区建立管理脱险工作之委员会，在敌占区当然是地下的组织。各该当地居民必须加以通知，并予以奖赏，以便帮助着落飞行人员之脱逃。最好能将此种委员会组织到每个乡村为止。

2. 进程

A. 当美空军航空员或其他空军人员被险着陆，一旦寻获之后，应严守秘密。并应避免日军对于中国人民之报复行动。

B. 航空员应尽快就近送至八路军、新四军控制之安全地区。

C. 此种消息应尽快通知延安，并包含下列各点：

①航空员之号码。

②姓名及注册号码（注册号码系用一金属小牌，系以长链，带在航空员颈项之上）。

③航空员死亡、被俘、或受伤。

④飞机尾端之号码。

D. 如有可能，应由航空人员决定着陆飞机之是否破毁，如无航空人员足以决定，而有被敌人夺去之可能，则应破毁之。

E. 航空员安全藏妥之后，须等待延安指示，以便规定其行动。

叶剑英转发美军观察组提出的情报纲要致各兵团参谋长的电报

1944年8月30日

情报纲要

各兵团参谋长:

目前我军与美军已开始建立情报合作关系，美军观察组到达延安向我们要求许多情况材料，以供盟国海陆空军的在华作战需要，我军如能在情报工作上对美军有重要之贡献，对于争取美军的物质援助及将来美我两军配合作战，夺取大城市必有重大影响，但我军现有情报的供给还很不够。兹将美军观察组提出的各种情报纲要摘告你们，望即指定专人，负责搜集研究，详细办法另由军委电告。

叶剑英 未陷

甲、敌伪军情报工作过去有很大成绩,但现在形势发展很觉不够,如保定、上海、南京地区究竟为何部敌军尚无确实材料，现应重新侦察，并应着重下列各项:

一、敌军师旅团之番号及其所属大队以上主官之姓名、阶级，部队之代字代码、住地及编制。

二、敌军在湘豫作战后，作战序列的变化。

三、报告敌情时要注意前后的联系，某些较确实的敌情得后否定时，亦应电告延安。

四、过去我们对俘虏的询问工作不够，今后应利用每一新的俘虏来了解情况，旧的俘虏亦应作为深入研究敌军的重要对象。

五、缴获敌军的一切新旧文件，应详为研究，摘要电告延安，并应设法多送延安总部研究。

六、今后对敌军各特种部队，亦应多加研究。

七、用以上的研究方法，深入对伪军的研究工作。

乙、空军情报

一、轰炸目标情报：

㈠日军作战物资之工业设备，如工厂、矿山、动力厂及其所在之城市。

㈡港口设备以及船舶在港口河流之集中点。

㈢铁道广场、铁轨交错点、修理所、车辆集中点（火车头、货车、客车）

㈣敌人飞机场及其经常停放之机数。

㈤兵站、部队集中点、司令部。以上各种目标，应包括下列各点：A 目标之名称；B 目标之确切位置，附以经纬度；C 与目标有关之河流湖沼或其他显著之地物；D 目标之重要性，如目标系一煤矿，应说明其每日生产之吨数、雇工数、煤的性质以及煤产之销场等；E 设备建筑之形式，设备由何处炸入最足招敌［致］毁伤。

二、轰炸结果：

㈠目标名称。

㈡目标之确切位置。

㈢目标被炸毁之具体程度。

㈣轰炸造成之火头究有多起，及其燃烧之时间。

㈤轰炸造成之伤亡。

三、气象报告：

㈠气象报告之地区：A. 山东半岛，越向东越好，如有可能最好能接近海面。B. 北岳区（在阜平或接近阜平）。C. 苏中区。D. 晋南区，接近黄河。E. 鲁西南区，如接近临沂。

㈡气象报告要点：A. 气象所代号（各气象所预先约定，以便代替所名称）。B. 报告日期。C. 报告钟点。D. 所见之气象（以观察时为准），例如①雾②微雨③小雨

④大雨⑤狂风暴雨⑥小雪⑦大雪⑧清朗（天空十分之三以下有云）⑨云（天空十分之三以上为云所遮盖）。E. 云彩须以天空几成或百分之几被遮盖来计算。F. 云之种类。G. 云高离地多少米达。H. 云彩移动之方向。I. 视线以千米达计算。J. 风向风力，例如平静、微细、和缓、强烈。K. 气压表之气压。L. 温度。气象报告以每日上午七时、下午五时的气象为标准，报告两次。

四、空军作战情报：

㈠敌空军根据地及飞机场：（子）空军根据地及飞机场名称、位置、经纬度，（丑）与空军根据地及飞机场有关之显著的装备与自然情况，（寅）目前特别需要天津、石家庄、临汾、新乡、归绥、徐州、太原、大同、张家口、开封、南苑、包头、运城等敌空军根据地及飞机场之情报。（卯）机场之面积大小及形状，①飞机场及跑道之长度，②跑道之方向，③跑道之地质（沙土或草地）。（辰）空军根据地及飞机场之装备，①飞机库的数目及其体积之大小，②修理所其形式及能修理之能力，③储藏汽油及炸弹之仓库及容量，④空军兵营建筑之数目及大小，⑤无线电装备，⑥防空高射炮之数目及口径，高射炮座壕之地点。⑦在飞机场中有否对空侦察器。

㈡敌空军单位之情报，报导各单位之指挥官、姓名、代字、代码，及其位置、时间等。

㈢敌现有空军力量，各机场之飞机数目（按单引擎机或双引擎机等搜集）、机场、飞机之动态（开到、开走，每星期报告一次，如系重大则立即报告）。

㈣敌空军作战：（子）敌单双引擎机，对于轰炸或其他作战任务之调动，（丑）敌机日常侦察活动、巡逻计划及其航线。

㈤敌对空警戒系统，对空警戒位置、组织、装备（不论何地），警戒系统包括个别侦察员，听音侦察组，无线队侦察队等人员，及其有关情报之搜集。

㈥高射炮及探照灯，关于敌方用以保护其工业设备、军事集中点、停碇泊所，及其他军事战略要点之高射炮数目口径位置、探照灯、电池、电力等情况之探悉。

丙、海军情报：

㈠沿海各地日寇海军船只之调动。

㈡船只之种类，军舰或商船：①发现之日期，到达之日期，开走之日期。②船身之长度及吨位。③从何埠来向何埠去，最终之目的地。④装货、卸货所需之时间。⑤装货、卸货之种类。

㈢造船坞及修船坞：①使用人员之数目，②在一定期间内建造船只及修理船只之种类，③所修船只之损伤情形。

㈣木船建造：①木船在何处建造，②摩托装置或普通船只。

㈤灯塔情报：①沿海灯塔位置，②灯塔旧有（一九四一年的）或新建的。③灯塔之特性，系转动灯台或系固定灯塔。④在一般气候下灯塔所及距离及其方向。

㈥近港之浮筒警标、其位置是否与一九四一年以前相同，如已改变或有新的指标。

陈毅与美军观察组谈话的提纲

1944年8月

与美军观察组谈话的提纲

（一）首先表示欢迎，说明新四军和华中情况历来被封锁，特别皖南事变后的真实状况，外间很难清楚知道，说明了解新四军和华中的情形，对盟国共同的反法西斯事业是具有重要性的。

（二）叙述抗战以前新四军的简史，由红军游击队改编为新四军的经过，扼要说明三点：一、在内战末期坚持阵地渡过难关；二、抗战初期，服从中共中央命令，接受国府改编，出让了八个游击根据地，东进杀敌，若不是中共中央的命令，任何外力是不能使我们离开那一带的；三、出动前与国民党协议，允许以和平民主方式去解决那一带根据地的政治问题，国民党又允许出动后改善本军装备补给等，事实上，以后国民党违反诺言又向那一带地区进攻，斗争继续至现在，对本军补充除一部分弹药和不够用经费外，并未实行诺言与国军一体待遇，可以想象得到这种情形对新四军全体的严重刺激，在中共中央说服之下，新四军在抗战之初，就带着艰苦坚持阵地，顾全大局、相忍为国的革命精神，出现在东战场。

（三）新四军及其根据地建立简史

一、一九三八年六月我江北支队收复巢、为、桐庐等县，我苏南部队收复南京外围及镇江、丹阳、金坛等五县，解放了二百万人口，创立了茅山地区的根据地。

二、一九三八年冬，苏南部队继续东进，解放了武、镇、江阴、宜兴等地（太湖西岸），江北部队越淮南路进抵含山、和县、定远等地。

三、一九三八年冬徐州、武汉、开封沦陷后，我军在其外围开始游击工作，这些地区城镇尽为敌军占领，农村中伪组织林立，土匪遍地，国民党的党政军均已撤退，我军经过血战收复过来，一直坚持到现在未丧失过，一九三八年我军以半年时间草创了华中各根据地的初稿。

四、一九三九年三月汪逆登台，敌军回头“扫荡”敌后，敌后形势巨变，秋间忠救军副总指挥何行健率部五万人在苏南投敌，一九四〇年、四一年李长江、杨仲华、刘湘图、王尚志、金亦吾先后附敌，其部队总数计七万人，反对汪逆领导的弥漫全国的投降潮流和粉碎敌伪的联合“扫荡”成为这两年间的严重任务。

一九三九年春敌伪“扫荡”加紧，我军不能后退，只能用敌进我进的办法，于是苏南部队在夏间东进，直抵上海附近，如浦东、太仓、青浦、常熟一带成立了有名的江抗军，解放了太湖沿岸各地农村，另一部渡江解放了扬中、江都、太〔泰〕兴等地，我江北部队越津浦路东进与苏南部队汇合于仪征、天长、六合等地。一九三九年新四军的夹江东下的战略与敌伪进行了长江交战，这是我军对汪逆投敌的答复。

是年我武汉外围的李纵队、豫东的彭纵队亦更扩大了沿平汉线、陇海线、津浦线的游击工作，解放了几十县的农村。

五、一九四〇年到一九四一年，本军各部队已逐渐完成了交通联系，华中新四军地区已初步开始打通，这两年最大的困难是国民党军队在敌后向我的进攻与敌伪“扫荡”配合着，在这种夹击之下，我军不得不被迫对国民党军队进行自卫战。解释磨擦发生的几个原因，三次磨擦半塔，黄桥我军均孤立被围，皖变是国民党预设陷阱我军遵令被歼，皖变损失全军十分之一，创痛甚重但未动摇新四军在抗战中的实际地位。

六、一九四一年新军部成立，着手四大工作，一、敌汪乘皖变之后加紧“扫荡”，以完成所谓皖变未竟之功，我军反“扫荡”的任务加重了。二、改编为七个师，划七大战略区。三、整训部队和开始根据地建设，这些工作一直继续到现在。

七、一九四二年秋敌寇沿浙赣路向江西进攻，浙东大部沦陷，当地共产党员与人民组织了浙东部队和抗战根据地。

以上各点说明一，新四军是在敌伪区与敌伪战斗中和反复“扫荡”中发展起来的，二，新四军具有红军骨干进而与华中敌后人民结合，成为新四军强大的条件，初期是如此，坚持至现在亦复如此。

（四）敌我在华中斗争方略的概述

（甲）第一阶段（一九三八年到一九三九年）

一、敌方情形：敌军事部署，军事上的严重“扫荡”，野蛮烧杀，无伪军伪政权的得力援助，敌军骄傲已极，到处如入无人之境，敌此时对新四军是轻视的，敌伪区土匪遍地，伪组织林立。

二、国民党在苏南全部退出，在皖东敌伪区边沿亦远离数十里或数百里。在苏北留有韩、李等部队。

三、我军东进予敌伪以突然袭击，我军方针是打开敌后游击局面，建立抗战信心，我军很小，但很精干，军事上屡战屡捷建立了声威，军纪严明到处得到人民欢迎（这里插入几个苏南抗敌故事），有许多当地人民武装自动加入本军战斗序列。

（乙）第二阶段（一九四〇年到一九四二年）

一、敌方情形：敌方军事部署，以华中为和平反共的模范地区，一切保留国民党招牌加紧诱降，汪逆登台，国民党军队先后附逆，对我举行敌伪联合的严重“扫荡”，敌军据点之强化。这里着重说明伪方对敌军之帮助甚大，和伪军投敌真因。

二、国民党在苏南的七万大军，投敌五万，余已溃灭退往浙西，冷欣军二万根据其大后方向我进攻，韩德勤十万大军在苏北分路向我皖东、苏北各部进攻，国民党军队已开始其对内磨擦、对抗战的等待反攻的观战战略。

三、我军方面：1. 我军方针是粉碎敌伪联合“扫荡”的战略，以华中敌后的抗战来遏阻投降潮流；2. 清乡与反清乡；3. 从反清乡反“扫荡”中建立初步根据地。

（丙）第三个阶段（一九四二年到现在）

一、敌方部署：1. 建立大东亚战争基地，中日满协同体最高度结合地带；2. 推行对华新政策；3.“扫荡”种类分析。

二、国民党军队在敌后的最后溃灭，敌后抗战责任全由我方担负。

三、我军方针：建立巩固根据地，准备反攻。

四、敌我地区在长期斗争中已明显确立，彼此无大规模部署皆难楔入。

五、第一、第二阶段一般以军事斗争为主，现在则在军事政治经济文化各方面引起接触。

六、敌对华新政策的检讨。

（丁）华中斗争的一般方式及其特点：

一、我军在军事上

1. 水网游击战　　7. 陆交通破击

2. 沿海游击战　　8. 据点攻取

3. 平原村落战　　9. 围困战术

4. 夜间战　　10. 狙击战术

5. 袭击与伏击　　11. 民兵战术

6. 长江交通战

二、在政治经济上

1. 建设民主政权

2. 实施照顾各阶层利益的土地政策

3. 自给自足发展生产的财经政策

4. 武装人民

5. 对敌伪的宣传政策

6. 文化政策

以上各点，每一项均与敌伪造成尖锐对立，在人民头脑中能清楚辨别敌我之不同，人民便于在敌我之间选择。国民党在敌后的政策，为一党专政的党化政策，压制人民的反共特务政策，思想统制政策，部队内的官兵对立军民对立的办法，这不仅不能动员人民参加抗敌，而且也不能动员其军队坚持苦战，是军民头脑中感觉敌伪办法与国民党办法有许多混淆不清之处，难于辨认，这样在敌伪面前解除武装，到处被敌伪击败，无法击败敌人。

复次就是敌寇侵略中国的军政方针已有好几次变化，没有正确坚定灵活的军政方针是难以应敌，七年来敌后抗战证明我党方针的正确和国民党方针之错误。我党的方针其目的在争取抗战胜利，争取和平、民主、自由的新中国的胜利，争取战后世界的民主和平的胜利，目的是正直伟大的，因此实施此方针的各种办法，最重要的是团结各阶层，依靠民众和党政军民自己动手几点，这也是很正确的。敌后的根据地正是将来新中国的雏形，国民党与我党的抗战方针的争执，不是共产主义性质的争执，而是如何坚持抗战，以实现民主自由和平的新中国的争执，七年来的史实证明了这一重要之点。

（五）新四军和华中根据地现状

一、敌情（本年河南战役以后的情况）

1. 敌十一军团部驻上海，辖 6D（上海、苏州）、70D（杭州）、21D（南京）、61D（芜湖）、65D（徐州）、山本 B（镇江、高邮）

2. 敌十三军团驻武汉，40D（武汉）、6D（信阳）、58D（应城）、13D（江陵）、39D（宜昌）、68D（岳阳）、12iB（咸宁）、34D（南昌）、Si7B（南昌）

二、伪情

1. 伪第 方面军任援道部计四个师（苏南和浙东）

2. 伪警卫师计三个师，南京、蚌埠、浦口、淮南路

3. 伪苏北行营项致庄部计十二个师（苏中、苏北）

4. 苏鲁豫皖靖绥军计四个纵队、一个独立旅（陇海线东段）

5. 伪武汉行营杨揆一部计六个师，两个暂编师，一个独立旅。

三、华中敌军总计共十一军团计八万人，十三军团计十一万人，伪军总计廿万人。

四、国民党在华中敌后仅有李明扬、陈泰运两部二千余，依靠我军供给才能坚持（在苏中），其余均投敌。

五、新四军编制和现有力量

1. 计七个师，一个游击纵队。

2. 全军主力军团 121,804，地方兵团 31,872，总计十五万余，此系一九四三年冬统计，今年春间统计主力增至十三万，地方军增至五万，计十八万（内计一师二万五，二师二万五，三师四万，四师二万，五师五万，六师七千，七师八千，浙东六千）

六、民兵五十五万

七、各根据地人口面积（附表）

八、七年千人“扫荡”次数表（附表）

九、七年万人“扫荡”次数表（附表）

十、七年战绩统计表（附表）

敌后各抗日根据地的面积人口民兵及我军实力政权统计表

类别/数目/地区		我占面积（平方华里）	人口		民兵	我军实力				我建立之政权			我控制县城
			全区总人口	我统治人口		野战军人员	野战军枪支	地方军人员	地方军枪支	行署	专署	县	
华北	晋察冀	800,000	25,000,000	18,300,000	630,000	35,203	21,924	29,145	15,201	3	17	109	3
	晋冀豫	294,000	7,000,000	4,600,000	200,000	50,028	29,998	25,347	11,112	2	12	80	6
	冀鲁豫	315,000	18,000,000	13,600,000	200,000	17,280	11,408	11,946	5,510	2	14	118	6
	山东	600,000	29,000,000	13,500,000	500,000	42,147	25,388	27,877	15,112	5	17	95	1
	晋绥	330,000	3,220,000	1,500,000	50,000	26,090	15,611	5,731	3,100	1	5	36	6
	合计	2,339,000	82,220,000	51,500,000	1,580,000	170,748	104,329	100,046	50,035	13	65	438	22
华中		1,200,000	60,000,000	30,000,000	550,000	121,804	77,125	31,872	15,901	8	20	147	
华南		200,000	7,000,000	3,000,000		7,500	3,521			1			
总计		3,739,000	149,220,000	84,500,000	2,130,000	300,052	184,975	131,918	65,936				

注：陕甘宁边区之各种统计未列入。

新四军实力日前《解放日报》已公布为十八万（其中地方军五万），现我党实力则已增至五十万。

七年来敌对华中新四军千人以上“扫荡”次数兵力统计表

周年 / 次数与兵力	第一周年 一九三七.七 ------ 一九三八.五	第二周年 一九三八.六 ------ 一九三九.五	第三周年 一九三九.六 ------ 一九四〇.五	第四周年 一九四〇.六 ------ 一九四一.五	第五周年 一九四一.六 ------ 一九四二.五	第六周年 一九四二.六 ------ 一九四三.五	第七周年 一九四三.六 ------ 一九四四.五	总计
”扫荡”次数		9	17	32	34	33	51	176
”扫荡”兵力		32,000	65,500	132,500	154,300	137,100	125,400	646,800

注：此统计包括万人以上扫荡在内

七年来敌对我华中根据地万人以上“扫荡”统计

年代	时间		”扫荡”地区	兵力
	开始月日	结束月日		
1940	9.6	9.14	江北区	11,000
	10.2	10.9	皖南区	10,000
	10.5		鄂东区	10,000
1941	7.18	8.2	苏北区	25,000
	7.1	11.30	苏南区	20,000
1942	11.12	12.12	淮北洪泽湖	10,000
	12.18	12.20	鄂东大小悟山	15,000
1943	2.17	3.14	苏北盐埠区	15,000
	4.上旬	6.15	苏中四分区	11,000
	9.20	9.25	苏中二分区	15,000
总计			10次	142,000

新四军七年来战绩统计表

项别 数目 周年	大小战斗	毙伤俘敌伪			缴获主要武器			我军伤亡		敌伪与我伤亡比较
		毙伤敌伪	俘虏敌伪	敌伪投诚反正	长短枪	轻重机枪	各种炮	负伤指战员	阵亡指战员	
第一周年至第四周年 一九三八.五至一九四一年五月	四、九六七	一二四、二五二	五、三九三		四八、〇四八	一、六四四	六〇	三六、六三七	二二、四四八	二·一：一
第五周年 一九四一.六至一九四二.五	二、四二七	二四、五一二	五、四五八	四、八二五	一三、八七〇	三〇一	八	一〇、八五六	六、七四五	一·四：一
第六周年 一九四二.六至一九四三.五	四、八二二	三九、八七九	九、九二五	七、九二一	二八、五七四	三三〇	一二	八、四一二	七、六一七	二·五：一
第七周年 一九四三.六至一九四四.五	五、三一八	五三、一〇七	一三、六四二	一一、三二〇	三三、九六七	三七六	二〇	九、〇一五	八、〇五八	三·一：一
总计	一七、五三四	二四一、七五〇	三四、四一五	二四、〇六六	一二四、四五九	二、六五一	一〇〇	六四、九二〇	四四、八六八	二·二：一

注：我军阵亡指战员总数中，阵亡团以上干部一四六名

从上面几个统计表看，第一要说明从一九三八年到四一年的统计是残缺不全的，比较正确的统计在皖南事变是全部遗失了。第二，新军部成立后的统计，一般只包括主力兵团与地方兵团的作战次数，在边区县区武装和民兵的战斗数字未统计在内，因此在这个统计上，我军的缴获和伤亡数字一般是正确的，对敌伪伤亡数目一般照我军和居民在战场上的目睹并与敌伪公布数字印证所得来的综合数字，因此只能是近似数字，我们力避夸大。第三，敌我作战次数是在逐年增加。第四，敌伪出动兵力和“扫荡”时间的持久性几年来无特别之变化，这是与敌伪在华北一九四三年以前的倾向是有些不同的。第五，在伤毙敌伪的数字上我们历来没有分开统计，但一般经验伤毙数字中，敌军占多数，而俘获数字中伪军则占极大多数，缴获数字中伪方亦占多数。

十、事实指出，新四军在长江下游和长江中部所担负的任务是等于国民党三战区、五战区、九战区、六战区、苏鲁战区六个战区的总和，新四军的十八万兵力担负国民党军队百余万的同等任务，皖变以前国民政府对新四军只有一部弹药接济，皖变后番号取消，新四军只能自力更生，一切靠自己动手和与人民结合来解决。

十一、敌方对新四军的评论一般，我只说最近的。

1. 在本年三月，上海每日新闻文友月刊日人歧克所著《共军内幕之分析》内称“日军占领的地方同时也是他们出没的场所，他们盘据广大农村，造成对据点的包围，不断的扰乱于皇军占领区的后方进行交通破坏，用以孤立和封锁城市，使占领据点的皇军一无所获，而皇军的补充接济也受到妨碍与阻隔”，又称“共军作战绝对把持主动地位与进攻姿态，从不限于防御情形而遭受打击”，又称“共军以小股的游击吸引其他等处的皇军部队，而集中火力将某一路皇军加以围歼，其惟一目的便是控制据点外广大乡村，置于其统治之下”，又说“共军行动是这样的迷离恍惚，在你找他的时候，什么也没有，而他找你的时候，却是又有这么多”，又称“于是进入根据地的皇军只好任凭玩弄了！”（请参考七月二十二日延安解放＜日＞报第一版摘文）

2. 一九四四年一月敌驻上海之十一军团部派往苏中我一师地区附近清乡视察报告书内称：

“新四军进入苏北历史虽短，但其影响民众不可忽视”。“苏北清乡敌人最大的为新四军，故自去年四月一日以来开始集中全力于‘扫荡’工作，但新四军之反清乡‘扫荡’工作亦有极强之基础及组织，故一般方式之‘扫荡’殊难收肃清之效”。“新四军之长处，不仅在其军事力量与经济力量，而在其组织力量，统一民众导以一定方向以结成有组织之力量，其方法殊可为吾人参考”。“新四军尚留存于本地区农村间，因此不得不认清问题，因其于本地区有地盘有组织，故能有今日之强大反抗力，事甚明显。”

3. 一九四三年十二月廿九日日方上海《大陆新报》社论内称“苏北新四军经我军‘扫荡’后行动群众化，利用巧妙之战术，继续挣扎，于最近情报又可明了彼等加强所谓民众组织，操纵农民形成其所谓交番出没之伎俩，使‘扫荡’军顾此失彼，此新四军之新战术，殊堪注意，对付此种战术单纯武力殊不适用，唯有使用政治经济之方法综合之对策”。“新四军反清乡工作之存在，使我清乡地治安一时呈混乱，一部分对此现象不认真而失望以致对清乡工作本尚有所批评，实为一大错误，中国战时体制之确立，无不赖于清乡工作之成败为其关键，希当局对清乡之热忱有更大之理解。”

几年来敌方对我军的评论甚多，不及繁征博引，但指出最初日本军是很轻视新四军，从一九四一年以来敌人挨打后观点改变了，日本军阀素来鼓吹日本民族高于一切，不承认别人有长处，现在在事实面前也只得低头了。

4. 敌华中兴亚院视察员广濑重太郎于本年二月十三日所著的《视察江北农村记》内称“他认为新四军的民兵制、军粮制、民主制是战争三宝，尤其辨认是否民兵非常困难，使讨伐军疲于奔命难期成功。”

我们对敌人的说好说坏素来不重视，但上面的评论可引用来对国内某些方面说新四军“不游不击”，说“新四军在皖变后被消灭”，说新四军“破坏抗战不打敌伪”等造谣，这却是一个有力的反驳。

十二、一般人民的评论：

1. 初期对新四军力量估计不足。

2. 中期替新四军担忧

3. 现在则增强了抗战信心，全体人民予新四军以信赖，不仅在抗战，甚至在战后也把信托寄在新四军身上。（引用几则故事、歌谣等）

（六）华中战斗举例

我只举本年上半年的几个战斗：

一、一月二日苏南句容殷家桥反“扫荡”战斗；

二、一月十七日雪夜袭击沭阳城。

三、南京附近的袭击：

1. 二月十五日夜瓦埠袭击；

2. 二月廿一日划子口的袭击；

四、三月四日车桥战斗；

五、五月三日陈家港战斗；

六、淮北归仁集仓集的伏击；

七、一月廿九日鄂中粉碎七路“扫荡”；

八、四月十七日泗县徐家战斗。

从这些战斗可以看出新四军战斗的各种性格。

（七）结束语

一、本军的成就是从战斗中克服各种困难的斗争中取得的，一般困难如装备低劣、弹药缺乏、器材贫乏、得不着正面战场的配合，国民党军的进攻（二五七六浙江诸地的实例）。

二、本军现有的一些缺点，技术贫乏，集中训练的时间较短，损伤甚大等。

三、正准备敌之回头“扫荡”并为胜利的反攻准备着及我军可能担负的任务。

四、欢迎美军观察组到华中去。

包瑞德关于陆空救助小组主要任务给叶剑英的信

1944 年 8 月

叶将军：

陆空救护小组惠特塞中尉于八月八日已与阁下谈及该组之主要任务，阁下曾要求将各项要求及建议写出，以便有效进行此项任务，兹列之于后：

兹再说明此项工作重要性之理由，现时我方失事飞机经过贵处者虽尚甚少，然在最近将来，可能达数千之数。击败德国及我方在太平洋继续胜利时，我方将开自南洋及中国大举轰炸日本。设逢不幸，我方飞机距贵军区域较我方基地为近，以每日千架飞机出动，及自敌方阻击损失百分之五计之，则每日损失五十架。每架人员十至十一人，虽非全部，但大部可能降落贵军区域。极可能一周作战中有千余航空人员落入贵军手中。训练此项人员耗费甚大，训练时期即需二年以上。此项极有价值人员损失不仅对我军为重大之打击，代替亦颇困难或不可能。且我之非常重视飞行人员之士气。设若彼等知道设逢不幸，华北有安全之区，彼等作战勇气更高轰完更佳。因此，如贵方可能于最短期内送此项飞行人员归队，以便彼等继续对日作战，对于战争胜利实极有帮助。

兹简要说明如下，以便我方之要求及建议明确清楚。

一、陆空小组与十八集团军之联络

八路军在华北有五块根据地，新四军在华中有八块根据地。本小组希望得知关于此类根据地之详情——军队、游击队及日军占领之区域，一般地形，军事障碍，难行路线等等。建议每区指派一熟悉该区情况之人，与我方代表说明该区情况。希望此类人员定为永久之联络员，将来遇有有关该区之情况，即可与之直接讨论。并建议此类人员应全体参加陆空救护委员会，或至少部分应当参加委员会，经过与美方代表联络，及其于彼等对各区之特殊知识，彼等将获得良好之报告，对委员会之工作帮助极大。

二、地图

我方航空人员极应确切了解贵方控制之下区域、游击区、敌占区，因此要求以各根据地之详图供给我方。鉴于华北战区之变化情况，经常之重新审订亦甚重要。

三、救护工作之步骤

根据过去经验，应制定一定之规则及程序以利救护工作。如果上述程序统一施行于各地，我方航空人员中降落于陌生之区域时，深知此项程序必能实现，则于救援工作实属便利。

甲、救援工作之保守秘密

保守秘密，对贵方较对我方更为重要，因均知日军如发现占领区人民协助救援我方飞行人员，必行烧杀贵方人民以行报复。因此我们提议不必多事招待飞行人员，其移动以愈快愈好，除参加救援工作者外，他人不必知道其行踪。

乙、飞机之破坏

据我方所知，日本尚未缴获一架 B29（即空中堡垒）。故所用之许多新器械日人尚无所知。应极力设法使此项飞机不落入日军手中。如飞机落于较安全之区域可行救获时，则应善加保护，静候此间总司令部获知其情况及商定关于处理之方法。如飞机落入贵方控制较弱或日本易加袭击之区域，则必须加以焚毁。无论发生何种情况，机内之文件均必须立时焚毁。大多数情况下美军军官可能在降落区域或在其临近地区。彼对此机之处理，应有全权。

丙、验明

可由飞机尾部号码验明该机，飞行员则由其颈部悬带之铁牌上之号码验明之。许多美国人名十分难拼，故除要求报告获救者之姓名、阶级外，必须报告其入伍号码以便确实验明。

丁、报告制度

应通知最近之司令部，由该部报告延安关于着陆地点及飞机状况，并报告机上人员之姓名、号码、情况——死伤、被俘、安全——及住地。可能时应报告大约何时可抵延安。我方于每次袭敌之后，将通知延安总部关于失踪飞机数目，可能时及其大略之方位。此将有助于搜寻彼等。

戊、费用

于救援飞行人员之时，每次实际均需一定量之费用，包括膳食、服装及旅费等。飞行员大多无法支付此项费用。我们不欲八路军永久负担此项费用。如能及时供给必要之费用，我们将十分感激。同时我们亦坚持将所费数目定期说明，以便我方能偿付之。同时，如我方飞行人员，关于任何特殊开支之语言，陆空救援小组将负责履行。

巳、初步接洽

一切救援工作中最重要之时机，为飞行员首次与地上人员之接触。如该人为善意者并能加帮助，我方飞行员可获救援。如当时适逢敌人或伪军，则飞行员将为敌所俘，我方指示飞行员着落后应迅速离开原地，暂行躲避。俟天黑时彼等将设法与个别人进行接触。每一飞行员均应自己判断接近之人是否善意友好。如非友好者，则飞行员可设法逃开隐藏，以便重新觅寻友方人员。应切记我方飞行员于降落贵区之地，完全处于不熟悉之环境中。彼等十分勇敢，但于离开飞机，进入生疏且语言不通之区域时，彼等易于十分不安与深为警惧。因此，必须制定统一的初步必行事项，根据我们过去之经验，此项步骤在于每次救援时实行之。如果我方之航空人员先行知道贵方将如何处理他们，则彼等不会不安受警，并极愿顺从预知之贵方之处理步骤。

1. 给以中国衣服令其穿在制服之上；

2. 飞行员将其手枪交给贵方，如贵方欲令其保持其手枪时，可即行告彼。

3. 为之剃光头。因许多美国飞行员留有金黄色之长发。

4. 尽速使其脱离着落地点并加藏匿。

5. 我方指示飞行人员将其本人完全交诸贵方手中，服从贵方一切指示，不必自行打算。

如贵方有其他步骤应行加入上列各项，我们极愿获知。我们之飞行人员了解其所能期望于贵方人员者愈清楚，则彼等必更能与贵方合作。我们知道贵方代表“手势”。此一手式是否普遍通行？我方应否教育一切飞行员知道其方式及含意？新四军有无类似之“手势”？

四、我方飞行员随身携带之物品

我方飞行员备有救急之应用物品，兹一并送上，作为本报告之一部分。计有：

甲、袖珍谈话手册

乙、绸质地图

丙、

丁、美国国旗

戊、

希望贵方对此加以指教，并欢迎关于加以改进、变更，或应行增加之他种救急物品之任何建议。

此外我方已备妥一种传单，准备在贵区散发。传单说明我方飞机式样，飞行员及符号。现已备有数千份，可资使用。希望贵方能善加散发。如贵方认为何种类此之材料，尚有增加之必要，我们极愿获知贵方之意见，并努力为贵方获致之。

五、如何辨认八路军、新四军、游击队、伪军、日军。

我方飞行员对华北任何居民均不熟悉。我们认为，如果能使彼等对该区居民之形貌、服装有一般之了解，则于彼等降落贵处时将证明对彼等有帮助。我们建议贵方指定艺术学校之艺术家给［绘］制下列诸人之素描。即：甲、八路军士兵，乙、新四军士兵，丙、标准的游击队员，丁、伪军士兵。

我们将大批印制，分发飞行员，以便彼等能加以研究，熟悉贵方作战区域之军民。如此使彼等能辩明敌友。

第二十轰炸机队琼士中尉及陆空救护组惠特塞中尉被指定与贵方代表共同进行一切此类活动之工作。

阁下之至友

包德瑞

中共六届七中全会主席团会议记录

1944 年 9 月 1 日

（第 1-3 行略）

外事组问题

周：观察组参观谈话几天差不多了，现在工作是人人□□。①情报系统专指日本情报，要求更快。②空军。主要是廿航空队，十四航空队为副。四种工作：作战、目标、气象、救护，原为四系统，现合起来。③海军。沿海登陆处陆上布置工事等。④战略服务中心收破坏情报，直属华盛顿。⑤卫生。可直报华盛顿。⑥通讯。中枢作用，器材与上面有联系。⑦训练，训练干部。⑧外交。如 Service、鲁登实际是来作政治研究，不到新四军，欲在延可住一年。

现在另外来了美国新闻处的□□，原是燕京学生，现在做大使馆美国新闻处长，此次来二个任务，一是战时宣传，二则对敌宣传。新闻报导属大使馆，对敌宣传属史迪威尔，并收我们广播。他与旧金山有联系，来后同冈野进谈了二次，他研究日军、联络等问题，研究对敌宣传。

白准备同博古交换广播及照片。对个人是中间立场，包同参谋长谈话欲有更大情报的合作，他们的确写了些报告上去，他们观察，日益觉得我们行，他们有些话也对我们讲了。他们有几个问题向上级请示。①到华中建立飞机场，他们对华中急于华北。②是否给我们一部分东西训练，因此我们的方针是先从几件可做的事、有效的事着手。①情报。历史材料的整理，现有情报的迅速。②空军、目标、气象、救护。只是敌人空军布置难些。③海军，只能初步研究，特地到山东、苏北去。④战略服务。现在训练，进一步谈堡垒。⑤卫生。已到前方去。⑥通讯。已经给他一材料单，现在想进一步谈建立情报网。⑦训练。定训练计划。⑧外交。欲在此多留，帮助他多研究。

现在还要作的工作，准备分别谈话，很有作用。

工作范围包括：①前方的工作。轰炸、爆破、训练、空军、情报等，要做相当忙，故各个战略单位，参谋部门要组织些人，增加副参谋长，拟一编制发到各地。②后方参谋部问题，增加人，另外还要设一外事组，将翻译组织起来，训练政策、管理、对外联络、翻译、研究外国文材料、招待、教育，拟由尚昆兼外事组长。

另外宣传工作：①新华社的英文、广播发稿，选译。②中宣部，编通讯及小册子材料，交外事局翻译。③外面材料的文摘，□定出版。

另外情报组织。①军事情报由参谋部，有些材料要组织起来更迅速而有效。②托我们代定日本的□报。③搞出东西出去，要编些东西出去，分明投稿，趁热打铁。

叶：包谈话情况。包曾说上次情报处长来与包谈共同意见，把观察组加强成为强有力的委员会来能完成来延任务。①帮助八路军、新四军，要克服国民党的障碍，加强能向华盛顿建议，我们来延是由罗自己加以压力的，因此不久可有些高级的人来。只要帮助你们的武器，美国人是愿帮助的。不久上级原则决定后就好谈。到南泥湾时将李先念处二人去的情况告诉他，他很高兴。到南泥湾后，主要看部队，今日写信给我说部队活力很强，上下级友爱关系，运动力很活，稍微内行的军事官即可看到你们的长处，提出意见：①射击未检查。②演习时，各级指挥官发现敌情后是否有时间商量情况，要演习战斗发展的阶段。

阅兵时仔细看了我们的武器，虽然各种各色的，但证明的确你们的武器是从敌人来的，并没有苏联的。

他的结论说能战。一是装备问题，一是指挥问题。

南泥湾的生生 < 产 > 是很佩服的，看了部队后，即提出接济问题。

王家坪机关的组织问题，决定由第一局内建立报导 < 道 >。

刘子〔志〕坚当一局副局长，兼报导处工作，共五人。

又全军教育问题。感觉必须收集材料、整理材料。包上校主张训练些团级，训练配合作战，训练三个月，拟建立教育局。

报导<道>处，与其他各处分工，报导：①战况、补遗、检查。②战役战斗的综合报导<道>。③动向，专论，当作战时合作。④对正面战场，在专论评论中说。

教育局，再同林彪、化若商量。

外事局，决定办。

因此准备扩大窑洞。

毛：原则照办，与高岗、陈云同志商量解决。

叶剑英关于延安美军观察组要沪杭一带敌情资料给张云逸等的电报

1944年9月6日

要沪杭一带敌情材料

张饶赖转浙东何谭

延安美军观察组要求我军侦察下列材料。

一、由上海到温州沿岸敌军防御设备，包括海岸炮台、野战工事、探照灯位置和设备、海岸瞭望设备、海上布雷情况（水雷）及陆上障碍物设置（包括反坦克壕沟）。

二、特别要注意杭州（尤其是杭州湾）、宁波、舟山各地敌情。

三、上述情况美军方面要求能于本月号日以前能得到消息。

以后并能陆续得到，望即办，如不能各项全查明，查明一部分亦好。

四、浙东我根据地能否筑飞机场，望查告。

叶剑英　鱼午

毛泽东关于美军观察组考林、琼思赴前方之任务给晋西北、晋察冀的电报

1944 年 9 月 7 日

美军观察组考林、琼思赴前方之任务

晋西北、晋察冀:

美军观察组上尉考林、中尉琼思二人将于最近分赴晋绥及晋察冀，其任务如下:

一、琼思中尉赴晋绥边区之任务为视察该区之地形及可能建筑飞机场之地点，预计由临县、兴县地区直赴偏关，视察时间暂定四十天，十月底回延。

二、考林上尉预定由晋绥经宁武以北赴晋察冀，其任务：甲、会见晋绥及晋察冀两区的爆破及破坏工作人员，了解该两区爆破工作施实〔实施〕之范围，调查该两区爆破工作之可能性与爆破目标。乙、访问我军前线的情报组织，了解其活动情况，决定何种情报最为有用，调查如何适用情报人员及其范围，考察建立情报网所需之设备，做出结论呈报其上级。丙、收集一切必需之情报，以便能提出在晋绥及晋察冀特种作战（如爆破、游击战争、情报）之可能性的报告。丁、携带部分爆破器材准备在晋绥边区表演（小范围的，不直接去爆破敌人之铁道碉堡，以免引起敌人注意)，以查明何种爆破器材最适合于我军之用，预计于两个月内返回延安。

三、动身时间及其他应注意事项以后再告。

毛泽东　九月七日

毛泽东、刘少奇对张云逸等9月8日电报的复电

1944年9月10日

一九四四年九月十日毛、刘致张、饶、曾

美方空军失事人员一律须回后方

张饶曾：

齐电悉。美方对失事降落人员，一律须回后方，你处五人不能例外。机场筑好后，大批美军人员陆续飞来军部及各师，我们应表欢迎。一则美我配合侦察敌情，有利现时轰炸与将来配合作战；二则了解我情可争取军火援助，此点可能性很大；三则现时可打破国民党反宣传，将来国民党举行内战，新四军首当其冲，可争取美方赞助。虽可能引起日寇“扫荡”，但比较全局，利多害少。放手与美军合作，处处表示诚恳欢迎，是我党既定方针。

毛刘　申蒸（九月十日）

附：

张云逸等关于美人来可能引起敌注意

给毛泽东、刘少奇的电报

1944年9月8日

美人来可能引起敌注意

毛刘：

修机场及美军事人员经常来往华中潜伏地区，在目前条件下，可能引起敌人

注意和“扫荡”，使将来航空比较困难，此时我们害多利少。可否建议由美军方面暂委塞涡意上校代表留华中工作一时，对他对我均便。如何盼示。机场之一，半月可成功，正派一美人去查。

张饶曾　齐

叶剑英让赖传珠转交包瑞德给美军航空员关于请新四军护送他们至国民党区域的电报

1944 年 9 月 28 日

美航空员护送之国党区域

赖：

此电请转交美航空员：“飞机不能派来，特请新四军护送汝等至国民党军队的区域，需遵守现所在地军事当局的指挥，可能时即报告汝等行动，将汝等考察的机场告我（经延安八路军）。（签名）包瑞德延安美军观察组负责人。

叶　申俭

中共中央军委关于保障美军观察组人员安全给程子华等的电报

1944年10月8日

保障美军观察组人员安全

程唐、吕林：

美军观察组人员七人，带小电台一架，由晋冀察军区副参谋长耿飚同志率领，定于本月六日由延安出发，经晋绥赴晋冀察，任务完成后仍回延安，美军人员姓名及其任务如下：

（一）彼德金少校（领队），步兵军官，曾在昆明帮助训练中国军队，此次赴前方，拟专门研究我军组织与装备，并收集敌军情报。

（二）鲁登先生，（政治顾问），在中国多年的美国外交官，曾在青岛、昆明作过美国领事，能说流利的华语，此次赴前方，除代表第廿航空队收集空军情报外，并拟考察我根据地的各项政治建设。

（三）多伦上尉，空军，收集与第廿航空队有关之空军情报

（四）多姆克上尉，通信军官，曾任山西汾阳民益中学教员，能说华语，拟收集我军及敌军的通信联络情况。

（五）西区海军上尉，收集海军情报。

（六）费特塞中尉，步兵军官，负责布置陆空救护工作（即对被迫降落敌后美空军人员的救护）。

（七）葛尼士军士，无线电生。

关于护送事项应注意：（甲）为保障安全计，对于这些美军人员的活动不可对外宣传，以免引起敌人注意。（乙）由晋绥去晋冀察的路线及护送等事项，应由吕林负责，与程唐商定妥为布署，并应严守秘密。（丙）程唐应即密告二分区，准

备迎接他们，并保证其安全。（丁）上述各项情报材料希吕林程唐立即开始准备，指定专人负责。在途中应尽量利用机会参观我军胜利的战斗，但须注意他们还要回来，勿为敌暴露，以扩大我军艰苦抗敌的影响。他们调查完毕将回华盛顿报告，美政府将据以决定对中共之政策，故望你重视此事。

军委　酉庚

十月八日

美空军中校萨伏依请叶剑英转致美军观察组关于请其通知国民党军队帮助返回基地的电报

1944年10月9日

美空军中校萨伏依来电

叶参谋长：

请将下电转延安美军观察组：

“我们已安抵新四军淮南津浦路西地区，但新四军与中央军关于护送我们归队之谈判，尚无结果（新四军已送两信给五路军，至今十天尚无回信），请你设法通知五路军一七一师，迅速帮助我们平安返回基地。”

美空军中校萨伏依　酉佳

赖传珠致叶剑英转萨伏依致美军观察组关于告知他们已至五路军的电报

1944年10月17日

萨伏依致美军观察组电

叶参谋长：

下列美空军中校萨伏依等五人联合致驻延美军观察组电报，兹照转原文如下：

我们今天（十四日）离新四军津浦路西地区至五路军，特致最后一电予你，请通知二十航空队指挥员。

赖　篠十七日

杰克·塞维斯给毛泽东的信

1944年10月22日

（毛泽东批示：乔木译。毛）

Dear Chairman Mao:

I will be happy if your and your wife will think not too badly of me as you smoke these cigarettes which I find among my belongings as I pack.

As Chia-kang, who has seen some of my reports, can tell you, I have been telling my superiors that the people you lead are the hope of China, and of our American interests in this part of the world. I sincerely hope that I will meet with success in Washington, and that I can return to Yenan soon.

Very sincerely,

Jack Service

我在收拾我的东西时找出这一些香烟（送给你们），如果你和你的妻子吸它们的时候不致太不高兴我，那就是我的幸福了。

如陈家康（他看过我的有些报告）所能告诉你的，我曾告诉我的上级：你所领导的人们是中国的希望，也合于美国在世界的这一块地方（仍指中国）的利益。我热诚希望我在华盛顿能得到成功，并望我能迅速回到延安。

很诚恳地你的，

杰克·塞维斯

中共中央晋察冀分局关于招待美军观察组之准备工作致中共中央的电报

1944年10月23日

招待美军观察组之准备工作

中央：

据中央关于国际统一战线的通知，及美军观察组来晋察冀的通知，我们现在进行下列准备工作：

（甲）由军区联络处、公安管理处及城工部负责，整理情报材料及各种可以公开的材料，供给他们。

（乙）政治上，由边府负责，准备民主政治、生产运动、文化事业、司法、贸易、金融、财政等材料，并使他们研究军区典型问题，如统累税、滩地问题、水利建设、村剧团活动等。

（丙）招待问题，亦在筹备中，原则是一切用本地土产，力求丰富，但不过于铺张。

分局　酉梗（十月廿三日）

（毛泽东批示：抄弼、刘、彭、康、周、朱、叶、真）

新四军政治部关于上海法国戴高乐派远东领事请美驻延观察组转驻渝法大使馆电给总政治部的电报

1944 年 10 月 26 日

请美驻延观察组将此电转驻渝法大使馆

总政:

上海法国戴高乐派远东领事（GROSBOiS）和（GRANDET）嘱托我们转电驻渝法国大使，其内容的大意如下:

（一）驻在远东的法国四代表即安南总督、驻华大使、北洋代办、上海总领事等表示愿意效命戴高乐政府，并愿意在戴高乐政府领导下尽力维护法国在远东的经济的文化的权益。

（二）目前四代表对日寇的态度是尽量采取拖延和敷衍的办法，但今后应如何应付，望指示。

（三）上海的法国武装，连安南兵在内将有二千余人，将来与盟国反攻上海时，在维持上海秩序和援救盟邦在上海被俘的人员上，可能发生相当的作用，故今后在沪法军应如何自处，亦望指示。

以上三点是其电稿的大意，不知是否可以请求美军驻延安观察组代为转达驻渝法大使馆，如有回电，仍可由我们转达上海。

军政　廿六日

董必武关于魏德迈要台维斯留渝工作给毛泽东的电报

1944年11月13日

魏要台留渝工作

毛主席:

（一）台维斯出来后，魏德马亚对他还好，还要留他在重庆工作。索尔特也要他。

（二）台维斯密对周说，罗斯福来华事，甚确。

（三）包上校昨向魏报告工作，魏极满意，并云，愿以史将军精神与我方合作，且还要加强敌后解放区工作。

（四）桂柳失利，白对蒋不增好兵，只给三个师，部队增援甚迟，认为是蒋之大骗局，近日未出席蒋召集之会议。

董　十三日

（毛泽东批示：抄弼、刘、康、彭、朱、叶、真、博、明、洛、聂、陈、刘）

魏德迈关于感谢帮助美军观察组给朱德的信

1944 年 11 月 18 日

魏特梅耶将军来函

朱将军阁下：

于余在渝就任新职之际，承阁下相贺，谨深致谢意。为早日战胜吾人之共同敌人，将大有赖于最亲密与最有效之合作。

阁下及阁下之部属所予美军观察组在延工作中之热烈帮助，极有助益。对前来贵军区域之美国代表所受友善招待，亦甚为感谢。

抗战以来，阁下之杰出的统率能力及贵军之优越战斗品质，余已早有所闻。余深盼日后获有机会能亲访阁下。

兹对阁下大函，再伸谢意。

阁下之忠友

A.C 魏特梅耶

美军少将，司令官

一九四四年十一月十八日于中国重庆

邓小平、滕代远关于希望美军观察组来太行参观展览会给毛泽东的电报

1944年11月19日

太行展览会于本月正式开幕

毛:

太行全区生产展览会，及劳动英雄、杀敌英雄大会，于本月廿日正式开幕（半月展览）。各种生产品及抗战以来缴获敌之胜利品，展览会极丰富，比延安展览会还好，望美军观察组最好能乘归时来太行。

邓滕　戌皓

(十一月十九日)

（毛泽东批示：送剑英阅后，与包上校商，他们去五台的观察组是否可绕道太行回延安？毛泽东　十一月廿二日）

周恩来关于包瑞德将于明后日飞延给李富春转杨尚昆、叶剑英的电报

1944年11月20日

包将于明后日飞延

富春转尚昆、剑英:

包瑞德将于明后日飞延安，英国郝戈登同来，包将带回我的报告，请注意。

周 十一月二十日

周恩来致赫尔利的信

1944 年 12 月 8 日

周副主席致赫尔利信

赫尔利将军阁下：

在渝诸承关注，至为感谢。

抵延后，我即将在渝谈判经过，详报毛主席及我党中央。嗣经慎密讨论，佥认为蒋主席及国民政府既拒绝我党五条最低限度提案，而政府所提三条，又明显不同意联合政府、联合统帅部的主张，使我们实无法找得到两方提案的基本共同点。因此，我实无再去重庆谈判之可能。同时我们为答复各方询问，拟早日公布五条提案，希望促起舆论注意，督促政府改变态度。特此，奉告阁下。

阁下对中国团结之关怀和努力，毛主席特嘱我转致谢意。

关于贵我双方军事合作，目前确由于蒋主席之多方限制，不能谋取迅速解决，但我们为击败共同敌人计，始终愿与阁下及魏德迈亚将军继续磋商今后军事合作之具体问题，并与包瑞德上校领导之美军观察组保持密切联系。

请转致我的谢意于魏德迈亚、麦克鲁两将军。

专此谨颂

军祺

周恩来

一九四四年十二月八日

戴克海玛转赫尔利致毛泽东电

1944 年 12 月 12 日

美军观察组

一九四四年

十二月十二日

致毛泽东主席：

毛主席阁下：

下电系刚自重庆收到者：

“周恩来将军十二月八日来函业经收到。包瑞德上校即将携带致周将军之重要回信乘飞机回去。

我希望阁下等候收到此信，在这以前，不作任何公布条件之举动。

赫尔利将军　(签字)”

阁下之至友

W.A. 戴克海玛

美军少校

毛泽东关于是否发致王若飞电给周恩来的信

1944年12月12日

周：

若飞电下段请阅。若飞答复第一条中有不妥当处，故拟了一电。你看是否应发此电？如发，请给刘康彭弼一阅后发。

毛泽东

十二月十二日

毛泽东、周恩来关于我们与美无决裂之意给王若飞的电报

1944 年 12 月 12 日

若飞同志:

（一）我们毫无与美方决裂之意，五条协定草案赫尔利不愿发表，我们即可不发表，周致赫信中提到准备发表五条，即是征求他同意的意思。至于赫在五条上签字及赫毛交换信件，我们自始即无发表之意。我们所想发表者仅是我们向蒋建议之五条，因蒋态度强硬无理拒绝，无法实现中国人民一致要求的联合政府，故想公开于人民，让人民起来向蒋要求实现之，此点待包瑞德回来再和他商酌。

（二）牺牲联合政府，牺牲民主原则，去几个人到重庆做官，这种廉价出卖人民的勾当，我们决不能干，这种原则立场我党历来如此，希望美国朋友不要硬拉我们如此做，我们所拒绝者仅仅这一点，其他一切都是好商量的。

（三）中央在三个月内集中精力开七大，解放区联合委员会只能在七大以后再说。

以上意思请告包瑞德或台维斯。

毛周　亥文

附件:

王若飞关于检讨包瑞德、赫尔利的报告给毛泽东等的电报

1944 年 12 月 11 日

检讨包赫的报告

毛、周、董:

（一）十日包、赫、威整天开会，检讨包、赫的报告。

（二）真晨，包告达尼说，赫尔利得我将广播谈判条件，非常气愤。因为：甲、未先征求得他的同意，破坏他与毛的谈判协订〔定〕；乙、使他在国际上丢脸面；丙、毛是不可信赖的，他以后不管了。

（三）由包整理与毛周会谈笔记，报告华盛顿。

（四）威及威的参谋长，态度比较和平。威和包均劝赫不要生气，要慢慢想办法。

（五）包本人对达尼表示以下几点意见：

甲、赫未料到你们“五条”是最低限度和从未料到双方都绝对不让步。

乙、这次谈判中几件不幸的事：

一是再回渝后，未与蒋立即面谈五条，而由宋转。

二是飞机故障期间，战场变动，或者影响我们观念改变，致周在最后走时表示不回来。

丙、包本人再三声明，说我们要求都是合理的，他当给华盛顿的二十几项报告中，有十几项是说我们好的，他不赞成美国再支蒋的反动政策。

丁、但包又劝告我们：

（子）应当知道华盛顿今天还是支持蒋的，许多美国人民包括罗斯福、赫尔利对你们也还未十分明白，这也是蒋手中敢于固执的王牌。

（丑）毛与赫有约在先，不该使他太难堪，不该把事情决裂得这样快，恐于你们不利。

（寅）自九号起，敌人从独山撤退，恐有阴谋，让蒋可向国内外人说，不要共产党合作，也能打退敌人。

（卯）当你们宣布成立解放区联合委员会时，蒋会宣布你们为汉奸分裂行动，而打击你们。

戊、包明白的提出他的怀疑，说毛现在仍坚决，恐有第三力量，即苏联在后支持。达尼经〔给〕包解释说，完全没有，五条主张完全是中国广大人民自己的要求。包说，毛能负责说这次谈判决裂，没有苏联影响，我就相信，但你的话我还不能相信。我过去曾因辩中共与苏联无直接关系，而被中国政府要人笑为傻瓜。至于说中国广大人士对民主的要求，人民何不向罗斯福去要求，自己怕杀头不敢说，把责任完全推给别人。

六、达尼问包在延谈判情形，包说决裂将对我们不利，是否美将不给我们援助？是否要撤回观察组？包答，今天美与中共的合作，只有你们助美，而你们未有获美的帮助，是不平等的。观察组未必撤回，但可能不要我回去了。

七、若飞并告达尼，转告包、台二人三点：

甲、谈判不成功，应该认识是蒋的反动顽固，而非我们之过。延安宣布谈判条件，对赫之尽力，一定会表示感谢，而不会损害他的信仰。

乙、我们是站在中国人民的利益上来决定我们不能接受蒋的条件，而非受苏联影响。

丙、我们并诚意的愿与美国合作，并相信美国是有力量、有办法可以促成这个实际合作的，只要美国愿意做。

王 真

王若飞关于包瑞德要通知毛泽东一切问题等包到后再决定给毛泽东等的电报

1944年12月14日

一切问题等包到后再决定

毛、周、董：

昨日气候不好，飞机中途折回。包要急速通知毛，一切问题等包到后再决定。

王　亥寒

（毛泽东批示：抄弼、刘、康、彭、周、董、朱、博）

王若飞关于文电内容已告包瑞德给毛泽东等的电报

1944年12月16日

文电内容已告高

毛周董：

甲、文电内容已告包，包表示赫尔利前日误会毛已将协定全部发表，现在完全释然了。

乙、包又云根据赫从政府方面得来的表示，谈判将由政府直接与中共商谈。

丙、包对蒋现在表示愿与中共谈判，同时又是敌人从贵州撤退，方先觉突然回来，不敢对蒋诚意下判断。

丁、王芸生告人说，蒋现在正准备提一新方案，同中共谈判，从前之三条系最高的，还可以让步。王之消息从政学系里面来。

若飞　十五号

周恩来给赫尔利的复信

1944年12月16日

周恩来同志复赫尔利信

赫尔利将军阁下：

包瑞德上校带来阁下大札，阅悉一切。包上校并转告阁下对于吾人殷切之关怀和好意，至为感谢。

吾人自与美军观察组及阁下接触以来，即一本合作精神，力谋有利于击败日本的共同事业之发展。此次我们坚持五条协定，原为动员和团结全中国人民抗日力量之最低限度要求，不图国民党当局竟加拒绝，致使谈判没有结果，我亦无法重往重庆，但此决非对于美国有何不满。五条协定原文，阁下既不赞成立即发表，我们已决定暂不发表。不过，我们认为以后在适当时期，为公之国人督促政府改变态度，仍有发表此五条之必要。一俟时机成熟，我们仍当事先通知阁下，阁下如有意见，亦仍可通知我们。至于阁下在延谈判经过，见证签字及毛主席与阁下交换之信件，在不得阁下同意前，绝对不会发表，此可向阁下保证者。

关于两方谈判问题，我们认为国民党当局此时毫无真正按照人民意志解决问题之诚意。不过在我们方面，则始终未闭谈判之门。目前进行此谈判的根本困难在于国民党当局拒绝放弃一党专政和接受民主的联合政府的主张。而此主张的赞否，是代表了民主与反民主的实质。阁下认为国民政府最近人事变动，是走向自由与民主之一步，我们对此，具有不同见解。我们认为只有国民党放弃一党专政与建立民主的联合政府，才能使中国向着民主走近一步，才能使中国人民由此开始得到自由，才能动员与统一中国一切抗日力量，反对日本侵略者，而在国民党一党政治下的任何人事变动，都不可能变更目前国民政府的制度和政策。这也就是我们与国民党谈判不能获得正当解决的症结所在。

我党中央及毛主席，深深感谢阁下对于团结全中国人民击败日本重建中国的事业所具之高度热忱，我想全中国愿意抗战、团结和民主的人们，也必同此感谢。

我们深信，只要全中国人民更广大的起来，中国的团结和民主是有保证的，中美两大民族合作以打败共同敌人重谋战后和平，也是有保证的。

专此，谨向阁下及魏特迈亚、麦克鲁两将军致深厚的敬意。

周恩来谨启

一九四四，十二月十六日

毛泽东关于请转达对罗斯福总统愿意和中国一切抗日力量合作表示感谢复赫尔利信

1944 年 12 月 16 日

赫尔利将军阁下:

来信收到，甚为感谢!

十一月间，罗斯福总统选举胜利时，我曾去电祝贺他。在他回给我的电报上说:“为着击败日本侵略者，愿意和中国一切抗日力量作强有力的合作”。请你转达给罗斯福总统，我对于他的这个方针，表示完全同意，并向他致谢!

请包瑞德上校带此信给你。我希望包上校能够早日回延工作。

其他要说的，均见于周恩来将军给你的信上，我就不多说了。

祝你健康!

毛泽东

一九四四年十二月十六日

朱德、叶剑英与包瑞德、伯特的谈话记录

1944 年 12 月 16 日

一九四四年十二月十六日

朱总司令、叶参谋长与包瑞德、伯特二人的谈话记录

上午：参加人：朱总司令、叶参谋长

包瑞德谈：

根据目前国共谈判看来，美国方面暂时不能直接给你们东西（武器方面），但是魏特梅耶将军说：相信美国有一天会同你们合作。因为毛主席同包瑞德讲过，即使美国不给我们一枪一弹，共产党仍是美国的好朋友，共产党依然同你们合作。现在关于政治问题，我也不能看的很清楚。因此，现在只谈初步军事合作的问题，问题在现在只是准备阶段，请朱总司令相信，这不是敷衍姿态，魏特梅耶将军不会派包瑞德来同你们敷衍的。今天的问题是：我们想派一个特种部队，到你们共产党区域活动，他的任务有四：

a. 地上破坏（铁路、交通、工厂）；

b. 进行各种爆破；

c. 对日军的袭击；

d. 布置降落伞兵。

这种部队他的编制是：七十二个兵、四十二个军官、廿五个管理勤务的人员，这种编制，官与兵的比例，军官占很大的比例数。魏特梅耶将军说：这种特种部队需要八路军派部队与他们共同合作。这种被派出去同美国合作的部队，会得到美国的装备。这就是说，美国现在还不武装你们整个共产军，对于你们全部装备问题，将有一天会实现的。我们开始派一个单位，以后会陆续增加，美国方面不希望这种

特种部队到八路军敌后区域后，引起日军对八路军的严重进攻，但如果这一特种部队的活动得到效果后，很自然的会引起日军严重的进攻的。这个时候，我们希望能帮助你们加强你们反击敌人的力量。这一特种部队到八路军区域后，关于整个物质供给问题——粮食，请你们帮助。为了这一特种部队的活动，B—24 号飞机会附属在该部队下活动，变成该部队的组成部分，飞机投掷东西、降落需要的无线电，都由美国供给，开头是一个小队伍，以后就会增多个数，所需供给的更大，因此，除空中运输外，应考虑海上运输，我们用潜艇运，你们用木船接。如这时机到来，你们八路军要什么武器，请开个单子，魏特梅将军已经去电美国，把东西由海运来，先到印度，次到云南，次到延安，估计明年三月开始可送敌后。

下午，伯特与参谋长谈话，（采用问答式）

叶：为了仔细考虑问题，我提出这样的意见：我觉得你们这一百多人的队伍，到敌后去，自然实行各种破坏，必然暴露你们，必然会引起对我们战略企图的暴露，这样就使真正战略反攻时机到来时，增加你们配合的困难，也增加你们海上登陆的困难。

伯：我们所谓这个部队的单位，不一定作为一个单位的活动，是分散为三四个人一组活动的。比如广西方面派了十个组去，每组三四个人，附有无线电，作为迟延敌人的进展。我认为集中使用是不很好的，应分散为许多小组，我知道八路军经常进行一些破坏活动，但是我们特种部队到后，我相信他们会给你们八路军以特种行动的训练和帮助，而且因为我们特种部队许多小组在你们的地区活动，使我们有理由给配合我们的八路军部队以装备。

叶：根据其他地区使用特种部队的经验，一个特种部队需要我们派出多少部队与你们配合？

伯：要看任务的大小，在法国因为事前没有地上部队帮助，完全由伞兵执行破坏任务，至于在你们地区，则完全有你们的现成力量可以使用。他们的活动是去找着敌人防御力不十分坚固的地方，出敌不意进行破坏，在目前进行大目标破坏，是不必要的。如果是破坏一个小目标，我们出十余人，你们出十余人就够，破坏敌人碉堡由你们派一个向导我们就可以搞的。

叶：你们是准备装备我们多少部队，来配合你们的行动？

伯：在我们本系统方面 OSS（战略服务部）最低限度可供给你们 25000 人的武装，在一个礼拜前，魏特梅耶问我（伯特），如果得到美国总统的批准，我们要送人、送武器到共产党地区，你的工作能做到什么程度。我（伯特）答：这样〔只要〕总统批准后，你们给运输工具（飞机），我们一周内可送两万支步 [枝] 枪与弹药，这种步枪与弹药已在我手上，一有命令即可送出。

叶：你们的子弹一根枪配多少？

伯：一根枪一个月配 100 发，共发给六个月的药弹，共 12.000.000 发，我们考虑装备一个游击队的问题，是以五千人为一个单位计算的，五千人的装备如下：

步枪 3000 枝

手提 1000 枝

火箭炮 500 门

重机枪 500 挺（？）

手枪 2000 枝（45 号与 38 号的）

马枪 2000 枝（附有枪榴弹还有手榴弹，破坏器材＜包括燃料＞）

我恐你还不知我这机关的性质同任务，我们的任务是专门担任正规军不能担任的工作，情报工作不是主要的，主要的工作是破坏，这机关分为两个系统，一为水上的；一为陆上的。现在在延安的人员仅属研究性质，也还做些反侦谍的活动，也还帮助当地人民组织些破坏活动。我这机关直属美国联合总参谋部（海陆军）同总统。在中国是对魏特梅耶将军负责，魏特梅耶将军认为：在八路军方面的 OSS 可以进行最大的工作。

叶：是否要得到蒋介石的同意？

伯：魏特梅耶将军表示：美国军队的任务，哪里有日本人就要去哪里打，这是所有在华美军人员与大使馆人员都是一样的见解，当然我们希望蒋介石能赞成；如果蒋介石拒绝，美国总统批准了，运输任务就落在我 OSS 身上，不是经过陆军，也不是经过海军。

叶：进行步骤如何？

伯：得到总统批准后，第一，先找一个根据地。譬如云南来堆积东西；第二，就是定出许多的破坏计划，这一计划是由魏特梅耶将军从整个战略方针着想，选择一些战略的要点作为我们破坏的目标，然后交给你们八路军参谋部来研究，由你们决定可以进行破坏的一切工作；第三，定出自己的空中运输线，并附属有无线电的联络；第四，要建设比较好的飞机场；第五，要定出一个空军供给的计划来供给散在各地活动的小组；最后，要建立一个无线电通讯网。因此要在此训练无线电人材。

叶：你说这个特种部队附属有 B—24 号型飞机，有无附属潜水艇归你们直接指挥？

伯：过去在欧洲作战，我这个系统附属有潜水艇，在远东海上运输，每次都要与海军交涉，海军派潜水艇，OSS 派人到船上，并带东西去，对于你们，如果得到总统批准，总统会派船给你们运输，不过现在沿海海面为敌控制，所以空中运输比较实际。

叶：提出两个步骤：在你们实行登陆作战以后，实行战略反攻，我们同你们进行战略上的公开的破坏，配合你们登陆，但在登陆以前，我们只宜做小规模的战术上的破坏，这个工作由我军来做，你们派人指导，不要你们派很大的部队出面；同时在登陆以前这个时间，我们要做登陆前的准备工作，训练一些爆破人材，制定适合我各根据地的航空路线图；进行空中试验性的投掷，布置无线电网；布置机场；研究目标，制定破坏的计划。

伯：你这个意见，我很愿与魏特梅将军面谈，我认为你提出这些意见是很合逻辑的，也许派较大的队伍，在你们的地区公开活动，倒还减少效果，不如派少数人到你们八路军的地区去，虽给日军知道，他也只能知道美国与八路军有进一步合作，而不能知道我们有战略企图，这个事情是要秘密的，若未得到蒋介石的允许时，更要秘密，我现在准备派这几种人来：

a 派航空人员来商量航空线；

b 派空中投掷员来；

c 派通讯人员来；

d 派训练人员来

你们若办学校有多少学生？

叶：人数未定，各个根据地的人都有一些。

从云南到敌后有无中间的根据地？

伯：我们准备将延安地区设成一个中间根据地，把资材从云南搬到延安，我们准备把东西第一步从云南搬到延安来。

叶：当美国未决定前，现在要我们答复什么问题？

伯：你们八路军总的情况，我们已有包瑞德、科伦、史特尔做了报告，至于详细的具体的问题，如房子、仓库的问题，只要你们派出技术人员与我们接头就够，我们准备了几辆吉普、载重车到你们这里来，但是车路不好走，汽油困难，请你们派供给人员与他们商量，史特尔在延安可以开始研究无线电通讯网的计划。

叶：你们这一特种部队在其他地方试验过否，效果怎样？

伯：在贵州、广西方面组织过十个组，每组三四个人，得到了中国军官的赞扬，但这仅仅对敌的步骑起了迟延的作用，还没有达到他的破坏目的。因为你破坏一个桥梁，步兵又从旁边走过去了。白崇禧要我们增加人，又增加十六个人去了，在缅甸北部他们曾组克泰（少数民族）的破坏活动，据最近的材料统计，他们已杀死日本二千余人，美国供给五十万磅的武器。我手下有一小组骑兵破坏的小组，头子叫做托尔斯泰（据孙平云：著《战争与和平》作者的孙子，曾做过骑马术表演的买卖，骑兵出身，去过法国，后到美国，被美国侦探机关所利用，后来到中国的重庆，是个很厉害的特务），我准备把这一小组先派到这里来，这个小组一共有六个人（他们都会说中国话），是个爆破专门。

叶：你这一次来延安，是同我们谈一谈，不做任何决定吗？

伯：魏特梅耶将军叫我来延安看看地方，见见人，以便一得到批准后，就可以立刻开始工作。

叶：你对这件事可能性的估计？

伯：据我个人意见，美国方面能够得到允许，是不成问题的，前十天我已经作为已经批准的事件来准备，来进行工作的（换言之即已电美国搬东西来了）。如果美国不批准这件事，是与美国在中国的一切参谋人员的愿望相冲突的。这件事若得到蒋介石的同意，就公开做，如果不同意，就秘密做。

叶：你们秘密做是否要与蒋介石打招呼？

伯：我曾经考虑过，对蒋介石很难保守秘密，我曾经想把东西直接由印度运到延安，但因需带汽油很多，东西就带得少，这一问题还不能得到满意的解决，将来准备对蒋介石这样说：很对不起，这事是OSS做的，没有经过我们中国战区，在这里我特别考虑海上运输的问题。魏特梅耶将军认为，一切打日本的力量都应得到美国的支持。

叶：你们的部门是独立的部门，但是你们的行动是同整个军事行动相配合的；因此，开始反攻时我们开始战略破坏，在这以前我们实行战术上的破坏，以不要过早暴露我们的企图为主。

伯：你的意见很实际，现在只进行训练的工作，把器材运到接近目标的地区，同时研究目标。

叶：从时间上来考虑，大概还需要多少时间？

伯：华盛顿方面大家都在劝总统要帮助你们，估计时间要经过三十天至六十天。

程子华等关于美军观察组活动概况给叶剑英的电报

1944年12月21日

美观察组活动概况报告

叶：

美军观察组于十一月十一日达司令部，至今已六周。工作活动详情已初步总结，即送上。兹将此期间概况先电告如下：

（一）十一月十四日召开干部欢迎晚会，到会者千余人，除致欢迎词外，彼等均分别讲话，异常兴奋。为使彼等全面了解，曾将职区目前军事形势、敌我斗争态势，作概括介绍，并将人民武装发展，及斗争经验，扼要报告。另有边区政府介绍数年来民主政治建设概况。观察组全体听诵，详作笔记，均表满意。另在本部作飞雷、枪榴弹、掷弹筒、手榴弹、地雷等试验，彼等惊讶，欣赏非常。

（二）一周后即分别进行参观及谈话。毕德坚、路登曾参观我军需工业各工厂（硫酸厂在内）、白求恩学校、国际和平医院，及报社、陆军中学，由事实证明，我军虽处敌后，而能自足自给。毕等尝对国民党依靠外援，腐败无能，流露愤慨不止。我军所见，到处新颖，拍有照片多幅，并赠以我军数年来战斗照片，极欣喜。惠德赛、德穆克、杜伦访问我新建立之联络处，搜集到军事情报材料多种（轰炸目标详图、陆空救护站图、沿海形势图、大本清之日本特务在中国敌军行车时间表及一些缴获文件等等）。尤对我绘图制表甚为赞许，曾谓八路军战役情报依靠群众，无飞机，比[此]坚信战略情报将有更大收获，并谓美国不缺飞机大炮，只感情报材料不足，尤在华北迫切与我情报合作。路登曾单独访问政府主任、各处长、参议会议长，对财政、民政部门尤为注意，再告土地政策、税收政策及财政收支情形，以为异常珍贵。曾言非数周精心研究不能一下了解。又赠以人民武装经验总结性之材料数种，极为欣赏，谓河南、湖南、广西如曾开展人民武装斗争，绝不致如此溃败。

（三）十二月份来，乃分赴各地区实地考查。毕德坚亲赴平汉沿线曲阳、新乐一带，参观地道、地洞，化装农民，深入群众，目睹严密构造，惊讶不已。徒步铁路边，看见火车驰过，亲拍照片。车过，脚踏铁路。并亲见十余日军，从岗楼下来堵击他们，瞭望新乐城，不过五里。胜利归来，兴奋百倍。恰我卅团之侦察连，在正灵公路上设伏，消灭敌人数十，仅十余逃脱，缴胜利品甚多，选为赠送，毕高兴已极。另德穆克于十二月中旬，赴冀察参观，将至北平近郊，考查通讯、交通，约两月后始能返。杜伦正整理轰炸目标材料，不日启程赴冀中平原参观。惠德赛于搜集若干材料后，已离此赴太行区参观，将转道回延。目前，毕德坚已返军区，约一周后，将与路登、葛瑞斯，动身共同回延。

（四）数周来，观察组在此工作，均甚积极热情，政治情绪与日俱增。个别人，如毕德坚，思想保守，对我了解不够，经实地考查，深入下层，目睹工厂制造，铁路沿线活动，精神大为振作。主动提出对我物资援助问题，并要求告以需要数字。我除表欢迎感谢外，只提军火缺乏情形，未作任何要求。观察组路登，乃该组政治头脑，对我了解比较深刻。曾言：非仅愿与我抗战中团结，且愿战后与我继续合作。惠德赛、德穆克、葛瑞斯，青年热情，谈话亲切，常以共产党中国，与国民党中国为对比。杜伦少谈政治，但工作踏实，技术讲述非常诚恳。总之，彼等无一对蒋介石抱有希望者，而对国民党意见不一致。

（五）彼等对国共关系异常关心。史迪威召回时，均极愤慨，痛骂蒋介石，情绪显低落。及闻周副主席赴重庆谈判，则甚欢喜。副主席携谈判条件返延，亦均乐观。近闻赫尔利抵延，乃大欢腾。盖国共关系好转、美共关系密切时，彼等即鼓舞兴奋。反之，华南军事恶化，节节败退，即无限愤慨。尝谓：救中国，非共产党之力量不可。纵对共产主义曾有非议，而对共产党之所作所为，钦佩至极。

（六）最近，毕德坚与路登亲访我会谈，提出假设问题甚多。中心问题，系如明年［末］初，美军于山东等地登陆时，晋察冀是否有力量将各铁路切断，多长时间能修复。曾告以全面配合动员，破坏敌人交通，以百团大战为例，正太路即有月余不能通车。目前，我军又经四年之发展，其配合作用，当必盛于百团大战而无虞。然渠称，只需两周之交通断决即可。另问，山东至晋察冀，运输交通如何。设美国军火援助，将可能自海上以潜艇（每个等于五十架飞机运输力），运至山东，不采缅甸路线。因山东地区形势，了解不够，未作具体答复。只告，相信定能打通运输路线。经此谈话后，彼等均感满意。并感此谈话非常重要。

（七）对彼等生活招待，一般均感很好。深知敌后困难，皆无过高要求。美飞行员在此安全降落，一路慰劳招待。抵军区，又加物资补充修理。观察组常以消耗我过多为歉。在此居住时，曾邀飞行员及观察组，对我干部作技术常识讲演，均皆热情，准备详细报告。

（八）总观对我印象，皆极良好。我之艰苦奋斗，自力更生，军民一致，官兵平等，所完成者多，所用者少，无不钦佩赞扬。尤其对长征老干部，更为重视。然对我批评较少。经再三征求后，所提主要是守时守信不够，出发前等，使时间过长，了解工作进行迟缓，外国习惯了解不够。另认为，在我八路军内，翻译技术均差，英语不够流利。然对我之虚心学习，重视翻译，尚表满意。

程、唐、耿

亥马（十二月廿一日）

（毛泽东批示：抄弼、刘、康、周、彭、陈、聂、刘、朱、叶、真、博、洛、明、吕林、高、尚昆）

周恩来关于请转毛泽东致赫尔利电报给戴克海玛的信

1944年12月22日

戴克海玛少校：

请将下列电报转致赫尔利将军：

“赫尔利将军阁下：来电奉悉。在目前，吾人认为国民政府尚无根据我们提议的五条方针来进行谈判的诚意，而周恩来将军又因有某种会议需要准备，一时难以抽身，故我们提议请你先派包瑞德上校来延一谈。敬候起居。

毛泽东十二月廿二日。”

专此，谨致敬意！

周恩来

十二月廿二

周恩来关于建立民主联合政府给赫尔利的信

1944年12月28日

周恩来同志致赫尔利信

赫尔利将军阁下:

包瑞德上校来延，获悉阁下对于毛主席十二月二十二日致阁下之电，因电文弄错，致发生误会，甚为遗憾。详情已托包上校面达，兹不赘述。

关于国民政府有无可能接受我们提议的建立民主的联合政府方针来进行谈判问题，我们不愿再继续抽象的探讨，我们特提出下列意见，请阁下转致有关方面，以觇其有否决心实行民主和团结。我们认为国民政府果欲向国内外表示其与民更始之决心，应先自动的实行：一、释放全国政治犯，如张学良、杨虎城、叶挺、廖承志及其他大批被监禁的爱国志士；二、撤退包围陕甘宁边区及进攻华中新四军、华南抗日纵队的国民党大军；三、取消限制人民自由的各种禁令；四、停止一切特务活动。诚能如此，则取消一党专政建立根据人民意志的民主的联合政府的可能性，方得窥其端倪。阁下代表美大总统，两月来对于中国之抗战、民主与团结，已尽最大努力，今于吾人之提议，当愿力促其成也。

专此奉告，并致我的敬意于阁下及魏特迈亚、麦克鲁两将军。

周恩来 谨启

一九四四年十二月廿八日

（此件系交由包瑞德上校廿九日乘飞机送去）

程子华等关于美军观察组对我印象极好给叶剑英的电报

1944年12月30日

美军观察组对我印象极好

叶：

（一）美军观察组毕德坚、路登、葛瑞斯三人，已于本月廿九日由此动身回延。经盘道梁、晋绥，经米脂，并希在米脂准备汽车。他们计划一月廿四日前到延。二月十四日前回到华盛顿。

（二）出发前日，他们接包瑞德电谓：此间如能建立飞机场，他们可派C47运输机来。原来他们初到时即接到此问题，我们曾告诉只<要>延安有指示，在此建立飞机场，绝无问题。且曾选两处详细测量，但他们对飞机是否能来，甚抱怀疑，因未动工，目前地冻二尺厚，挖是过于困难，时机既过，只好有待明春。对此他们甚感美国决定问题犹豫，如早决定能来飞机，此时飞机场早已完成。

（三）临行前，他们正式告诉我们，回美国后不久他们即将重来。（也许在明年四、五月间）。毕德坚谓，将携一批军官来帮助军事。路登谓，将来此建立大使馆办事处，他说在华北建立使馆或领事馆都表困难，但建立大使馆办事处有可能，并说他曾建议在河北、山东及苏北都建立办事处，未得答复。

（四）总观他们此来对我印象极好。主要是所见一切不但与军委所告相符，且超出他们意料。（另有总结报告）。我们所供给之材料及情报，他们都异常珍贵，（每种材料都已单写军委一份）。包瑞德曾来电鼓励他们说：所电告之材料，已超出他们希望。他们此期间，葛瑞斯在路上时即由中士升为上士，惠德赛中尉升为上尉。另据我了解，此次路登对我政治了解较深刻，毕德坚对我军事了解也很多。路登曾表示此次来主要是交朋友，下次来再实际工作，并说他们应非常慎重，不然不但交不上朋友，且会失掉朋友。

（五）他们过去不了解我之民主政治，个别不同意我之共产主义（如毕德坚），但在此参观后他说：对你们的主义虽有不同意见，而你们所做的一切我非常同意，且赞美。路登说，你们的民主政治虽还只是开始，而所走方向是正确的。虽非完全人民自己管理，而即是真正为了人民。

（六）对我缺点前后指出，时间观念薄弱，不够科学。部队行军注意休息不够，翻译不够熟练，美国习惯了解不够，长征历史没有正式记载（路登两次酒后提到没有写长征的历史，为我之缺点。估计他有任务了解我过去，所以强调此点）。

（七）杜伦以原说中语很少，最近酒醉后能说很流利中语，出我意料。因此我们感觉对只说英语的外国人，我们说中国话时，还要特别注意。再者，外国人在外交上的体面要注意，有时与我无关的事，要帮助他维持体面，如圣诞节曾开晚会联欢，葛瑞斯因兴奋要发言讲话，毕德坚当场制止，葛会后追到毕房要殴打毕，为我劝。在次日他们都非常不好意思。我则假装不知，并告联欢时因兴奋而多喝些酒，在中国也常有，同时分头同他们单独谈。联欢时可尽情快乐，不必拘束。对上级长官意见，也应更加尊敬。谈后他们对我非常感激。

程唐耿

亥陷（十二月卅日）

（毛泽东批示：抄聂、叶、朱、彭、周、弼、刘、康）

斯彻特梅耶关于感谢协助美国空军气象工作给朱德的电报

1945年1月5日

印缅战区空军总部斯彻特梅耶致朱总司令电（1945.1.5）

印缅战区空军总部

一九四五年一月五日

AIB20I、22号

事由：对美国空军气象工作之协助，

致中国战区美军总司令转观察组交十八集团军总司令朱德将军，

甲、第十气象区区监察官爱尔斯渥斯上校最近访延归来，曾向余报告，华北政府在气象上之优异工作及对吾人共同战争之显著贡献。爱上校及其部下深蒙妥善照料，及各方之极愿合作的态度，彼特表敬谢之意。

乙、爱上校认为，贵政府及第十气象队人员共同开办之气象学校所训练人员，使本空军之气象工作效率大为增加。余等对阁下在此项重要之共同努力中之协助，同表谢意。

丙、余获悉华北政府之救援部门，曾使远离基地之许多我方失事航空人员获救生还，深堪感激。余愿代表美国空军向阁下致谢，感谢阁下在吾人共同事业中之宝贵努力。

GE、斯彻特梅耶

美军少将总司令

魏德迈关于感谢我对美军观察组之合作给朱德的信

1945 年 1 月 13 日

中国战区美军总司令部

致陕西延安十八集团军朱总司令

一九四五年一月十三日 中国重庆

朱将军阁下：

随函转上印缅战场空军总司令斯彻特梅耶少将来函一件，敬祈查收。

余亦愿对阁下及贵方所予第十气象队及在延美军观察组一切人员之优越合作，表示余之敬佩感谢之意。

华北人民所予我方失事空军人员之帮助，使彼等得重返基地，继续对共同敌人日本作战，对阁下及贵方人民此等可贵之帮助，特致谢意。

阁下之至友

A.C 魏德梅耶

美军少将总司令

中共中央军委关于对美国人费特赛之死的处理给邓小平等的电报

1945年2月13日

邓杨：

（一）费特赛死，此间美人颇有怀疑，请你们将费特赛为什么去二分区的？是否未派专门部队担任保护？如不抢救是否可以不死？等项查明详报。

（二）美人希望将费特赛尸身运回，有查验之意，我们已答应，望将费特赛棺材妥移机场附近，准备起运。

（三）遇美国人应向他们表示惋惜，并承认保护不周。

军委　丑元

（毛泽东批示：

剑英同志：

此间是否要发？你已有电去否？请酌定。

毛泽东）

美军观察组谢伟思给毛泽东的信

1945 年 3 月 12 日

美军观察组

延安，三月十二日，一九四五年。

毛主席阁下：

我很高兴回到延安，这里有这样多的朋友，好像是回到了家。我希望能住上两个到三个礼拜，并希望以后能每隔一个时期到延安来一次。

我知道你很忙。假使你能挪出一点时间，让我拜会你，听到你对时局的意见，这对我个人是一种快乐，对于美国国务部也极为有利。

谢伟思上。

八路军驻重庆办事处关于谢伟思八日飞美等情况的电报

1945年4月10日

谢伟思八日飞美

今日晚，谢伟思来向家康辞行，八日晨，已飞回华盛顿。据谢谈：正式系马歇尔直接来电，要他于十四日赶到美国，另有任务。此间美人方面都认为谢是被赫尔利赶掉的，但谢自己说不大像。同时魏德迈亚将于两三日内返渝，亦不似赫尔利政策完全胜利。

谢谓：赫氏二日声明，系美国对国共双方都压之表现，里面还有文章。假使美国政府明知苏联对远东积极，而居然按照赫尔利政策办事，真不可理解；谢又谓：此次返国，似与美军在华登陆有关。同时，国民党要求美军登陆，随带国民党政府地方官吏，以便建立供给。美方已搁置不理。宋子文约定在开罗会见赫尔利云。

从邵力子口气，政府可允董带三人，但怕提出我方坚持非六人不可。特别不愿郭先生与新华日报记者走，仍在交涉中。

（毛泽东批示：送周、朱、刘、弼阅；抄洛、博、康）

《解放日报》关于毛泽东、朱德致电杜鲁门总统及函美军观察组悼唁罗斯福总统的报道

1945年4月14日

新华社延安十三日电：

美总统罗斯福噩耗传来后，延安各界同声哀悼。毛主席、朱总司令除致电杜鲁门总统（原电见后）及函美军观察组悼唁外，并派叶剑英、杨尚昆两同志代表赴美军观察组致唁。林主席及谢副议长亦亲访观察组代表边区政府及边区参议会吊唁。延安各机关、学校、工厂纷纷悬半旗致哀。边府并决议自今日起延市各机关、团体、学校、工厂等继续悬半旗三日，以悼念我反法西斯盟邦元首——罗斯福总统之丧。

华盛顿杜鲁门总统：

罗斯福总统不幸逝世，我们谨向美国人民及总统遗族表示吾人之深切吊唁。举世均将深痛此种损失。

毛泽东　朱德

一九四五年四月十三日　延安

叶剑英与美军观察组毕德金、斯文生及斯特尔的谈话记录

1945年6月2日

六月二日叶参谋长与美军观察组毕德金中校、斯文生少校及斯特尔上尉谈话记录

毕德金：1. 美军通信部队情报部门，为进行侦察收听及猜译日军电码，从贵阳到北方建立了一线的侦察电台。现拟在延亦设立一台，经哈迪少尉在观察组试听结果，收听日方电码非常清淅。如获允许，要求在延安数英里内设立此台，该台需要一个较开阔的环境，由美军四人管理。

2. 拟派三人去太行。一战斗序列人员。如给一位八路军报务员时，将来拟由太行三人中分一人携同中国报务员去晋察冀工作。邸迪安中尉对该处情报工作评价很高。如同意，拟派哈克中尉及二名军士前往。拟于六月十日左右派机接取飞行员时带这批人去。

3. 拟派一气象人员去晋绥驻下进行气球测量风云工作。

4. 要求有关敌军死伤统计，可否介绍观察组人员与司令部有关人员接头。

5. 如果上级允许派L－5式单引擎飞机二架驻延，担人〔任〕接取供应晋绥美军人员之用，可否以延安机场为基地。

斯文生：1. 魏特梅耶将军已指示OSS（即美军战略服务部）负责在华北建美军通讯网。我是中国战区OSS之负责通讯工作军官。如获同意即可进行。

2. 本计划所需之器材及人员一部已在此地，一部尚在途中。将以延安为基地，各根据地设中间台，各分区设下属台，前方之电台可由中美人员共同工作。我们供给必需之器材、人员及训练设备，以保迅速之通讯。

3. 拟带来负责装置及训练二队人员及训练器材。

4. 人员，装备及供给均由飞机载负各地跳伞或投掷下去。

参谋长：在谈及上述问题之前，首先申明：

1. 观察组来延一年，毕、斯二位始终其事，你们了解我不是坏人，我们诚意合作，你们对此会同意的。现在我们很友谊的来谈谈这个问题。

2. 一年可分为赫尔利声明以前及声明以后二个时期。前一时期，我方对美军是无条件合作，虽然此时美军总部并无合作的信件给我们。以后赫尔利声明，美方对我合作的希望回答是不愿与我合作，我们此时仍然希望合作。全世界上找不到这样无条件合作的例子的。美军人员有时要求我们开列所需物品，我们从未开口要任何物品。毕、斯二位亲历此事，我们未要过一枪一炮。邓纳文将军来华，我们为瓦解伪军，曾提出过一个预算。此外再无其他要求。然而赫尔利却造谣说我们要美军供给武器，这是无耻的污蔑。赫尔利在延，同意我方五条意见，签过字的；在赫尔利上述声明之后，我们仍未将他同意五条之事公布，我们闭起嘴巴，在延安没有驳斥他，希望仍能实现合作。我希望三位了解这些事实，延安的态度是合作的态度，一年过程，已充分证明，我们是愿意与美国政府、军队、人民合作的。

我们希望合作希望了一年，答复是不合作。在这一年内，没有任何一个美国官方有资格人士写过一封信或谈过要求合作。你们二位奔走往返，很努力想促成合作。迄今为止，没有一件事证明你们要求合作。没有一个负责军官来此谈过你们在中国的战略，以及与八路军、新四军在华北、华中、华南合作的计划。一年努力，没有结果，你们态度是不合作的态度。

3. 今天你们提出华北通 < 讯 > 网计划，魏特梅耶指示批准进行。但是魏并无介绍信或公函给我方提出此事。按照中国办公事的习惯，这是不能接受处理的，希望你们原谅。虽然没有介绍或公函，我仍然答应将你们提议向毛主席、总司令报告，考虑。

斯文生：我是战区 OSS 通讯军官，受委托处理通讯网事，对必要之人员器材，有权调动。前方电台，由中美两方共同办。一切情报你们不愿重庆知道者决不送他们。通讯网之设立，对双方均有利，加速你们的作战行动，飞机可以共同使用。愈快进行，愈早打败日本，到东京去吃茶去。

参谋长：受政府政策限制，我了解你们不能更多进行。坦白的说，这个提议对我们是一大负担，惠特塞上尉在前方牺牲，为了救护他我们调动三个团去解救他，牺牲近百。美国朋友带起电台到敌后，我们必须调动部队保护，在我今天敌后环境下，部队常以连分散活动，不能集中作战，武器不好，子弹不足，因此对我是很重的责任。鉴于惠特塞之死，一般说来，我们不愿意美国朋友到游击环境中去工作。我们赞成我们派人去代办，不赞成你们自己去做。

斯文生：我们不需保护，可以自己保护自己。他们都是经过战争的经过训练的，全副武装。经过跳伞训练，不靠当地生活。给养均由飞机送去。这个计划是世界上第一大的通讯网。为了迅速作战，迟早需要建立。

叶参谋长：通讯网问题作为一个局部问题，可以考虑。空军地上协助、情报、气象、通讯，我们对此一切，均须从整个计划为了总的军事行动去考虑。美军在我区总的计划如何？要进行什么活动？要我们做什么事？如果我们不知道这些情况，我们无法去考虑及处理此类问题。我们知道我有多少部队、多少枪、及做什么，则可以做计划处理，否则我们很困难加以考虑。请原谅。是不是赫尔利讲了那种话后我们就不打日本了？我们仍然要打日本的。但现在情况很混乱。需要了解了整个计划之后，我们才能研究这些问题。

斯文生：通讯网是其他军事行动之基础，进行迅速作战，靠骡子交通是不行的。迟早都要开始的。

参谋长：通讯附从于战略方针和行动，如果我们同意这个计划，我们必须知道整个计划、部队分布，才能确定电台位置，现在我头脑内无法去确定其位置，因为没有根据去计划。我们有理由要求魏特梅耶讨论整个计划。我可以保证一切东西不会让日本知道，不像在国民党地区常常走漏消息。你们的提议及我们困难，均需照顾，需互相考虑对方情形，共同研究、考虑及商谈。请美国朋友设身处地站在八路军地位上想想。请你们指教。

斯文生：我对政治、政策和陆军，我管不到。我是负责设立通讯网的。

斯特尔：现在我只能以个人来谈，有些话是我不应说的。斯文生少校得到魏特梅耶指示来此建立通讯网。这件工作之没有进展，其中我们所受之阻碍与你们所受之阻碍是一样的。今天得到允许，不论大小，应当开始。我们已等了好久，准备开始，现在得到允许，该快点开始。斯文生代表进行此事。斯提出以通讯网作为基础，参谋长提出何种用途。用途我知道是情报工作，这可以节省翻译，我们作战与你们不同，需要之情报也不同。你们供给的不能适合我方需要。我们人员有经验，熟悉器材。通讯网设立之后，事情会更快进展。其他部分合作，也会快些到来。美方通讯、联络、情报人员可以很快就来。听说命令已在准备之中。至保护问题，请不必当作一个负担，他们是久经训练的老兵，他们自己保护自己。惠特塞之牺牲，没有一个有思想的美国人会抱怨八路军。救护惠牺牲了人，我们很感激。叶将军对机密是否有顾虑？不必。一切情报在渝经过我看过，凡是关系八路军安全的，即便很间接的，我都小心不会转给国民党。一切情报统由前方送延。在延安我们不谈重庆的情况，在重庆我们不谈延安的情况，我们主要是打日本。需要友谊、信任。

斯特尔（接斯文生发言）：美军在中国，延安的一些情况不告诉重庆，重庆的一些情况，不告诉延安，我们主要是对日作战。我们相互需要友谊的信赖。为了工作，我们与各种人合作，也与戴笠合作。但我们不是在戴笠指挥下，我们在魏特梅耶将军及华盛〔顿〕联合参谋部指挥之下工作。此间情况不愿转入戴及蒋手中者，绝不漏出去。参谋长觉得事情零零星星提出，我亦同感，但当一些事情已可开始之时，就应该开始。

参谋长：你们在西安帮助戴笠训练3000人，派赴河南、山东、河北、华中，扰乱我区秩序。即使放开政治问题不谈，只谈OSS，你们帮助了戴笠，增加了反对我们的危险。像这样的戴笠人员，我们如何能与之合作。这是我们的痛苦。斯文生少校奉命来此单谈通讯问题，在你自己是正确的，在我方不能如此单独看问题。我要把你们的意见向上级提出，然后再答复你们。同意不同意？我们近百万军队，合作抗日，可以缩短战争，减少你们美国人命牺牲。没有外围帮助，我们一千年也打下去，也要打胜，十年二十年三十年，我们一定打下去。现在问题已经提出，我们需要研究，在没有达到解决之前，你们须等待。请把我们的感觉和困难报告给你们的上级。双方都需考虑，求得一步步接近。在深刻考虑之后，为了把情况改善，并能结果，需要从整个局面考虑问题。以前考虑这一切问题，海军登陆、气象、通讯、情报，都是在美方要合作的前提之下来考虑的，不是孤立的，通讯网计划是在那种情况下考虑的。不管计划改了，改了多少，或不改，现在需要从整个计划及从头谈起。需要从头一步开始。你们不从头一部［步］开始，要从中间开始，不能不要头，要从第一步开始。需要魏特梅耶、迪凯，或任何负责人员公开表示合作，谈论整个计划，然后才能谈各个部分问题，更后才能施行。这是第一、第二、第三，三个步子。我们坚持这个意见。

魏德迈给延安观察组组长的命令

1945 年 7 月 28 日

题目：延安观察组　　　　一九四五年七月廿八日

给：延安观察组长

1. 中国陕西延安观察组成立后，即刻有效。

2. 延安观察组组长直接对中国战区总司令负责。在延安工作的一切美国人员，概归他指挥。他应指令延安观察组一切美国人员遵守下列规则：

（a）除非经过和得到延安观察组组长按照总司令部所定下的政策而给予的同意，不能对共产党或任何共产党人员答应什么。

（b）不能与中国人，或除了执行职务的美国军队或大使馆人物之外的人讨论政治或政治性质的题目。

（c）在华美军政策的条款应严格遵行。

（d）延安观察组派出之美国人员，如遇共产党军队与除了日军及日人控制下的伪军之外的任何军队发生冲突时，一切美国人员必须撤退出该发生事变的区域，立即将事实报告，由观察组组长报告总司令部。

（e）不得以美国军火弹药和供应品给予任何共产党人员，除非得到中国战区美军总司令之批准。

3. 下列各机关得派代表作为延安观察组之一部分或附属于延安观察组：

（a）OSS（战略活动局）

（b）AGAS（航空救护组）

（c）第十气象队

（d）JICA（联合情报收集处）

(e) 任何由总司令部所派出的其他机关。

4. 上列各机关可以进行下列活动:

(a) 中国战区美军总司令部得派人员至延安观察组以便取得情况之充分报告。

(b) 中国战区战略活动局之活动限于情报收集，一切报告送达战区总司令部，惟以副本给予观察组组长。

(c) 航空救护组负责在共产党区域之一切脱险的和撤退的事情。

(d) 第十气象队负责收集气象材料并报告中国战区一定机关。

(e) 联合情报收集处负责传达延安观察组组长的需要的政治的（或）军事的情报，惟须依照本司令部所已确定的政策。

5. 延安观察组组长负责调整由延安基地派往共产党统治区域的一切机关人员之活动，避免重复监督其执行上列一切指示。

下列各项必须特别注意，其情报必须立即电达中国战区总司令部:

(a) 敌军之地点、力量和调动（大小、调动方向、部队性质）。

(b) 敌人设防之地点及其性质。

(c) 一切交通之情况、要点及运输量，包括铁路、公路及内河。

(d) 敌人工业之地点、性质和产量。

(e) 海洋航运之情报，包括港口、设备。

(f) 收集敌人文件和军事组织之事实，包括其实在武装设备。

(g) 共产党军事组织的性质和力量，包括他们的实在武装设备。

6. 延安观察组一切设备，为一切派至观察组的机关代表所得享用。

魏德迈耶中将　命令

魏德迈关于建议美军派人视察国共军队以防两军冲突致毛泽东的信

1945年7月30日

毛泽东先生阁下：

倾〔顷〕闻阁下对鄙人拟遣派雅顿上校为本人代表并主持延安视察组之消息极为高兴，鄙人谨此致谢。鄙人相信在阁下与雅顿上校之间，彼此公私关系，将来必俱融洽无间也。

现鄙人已接到公报，得知十八集团军总司令朱德将军及副总司令彭德怀将军，关于最近十八集团军与政府军武装冲突之事，曾由无线电向委员长有所申请，特别是依据陕甘边区贵方部队之报告，在过去一星期内，该方面反共活动有增无已，该报告续称，剧烈的战争，已进行三日，现在尚无停战之象征。该报告建议，在日敌当前之今日，中国及中国人民之命运，依赖国民党与共产党之团结。

窃自鄙人到达以来，对于贵国政治事务，力求避免干预，想为阁下所熟知，鄙人之惟一目的，为协助中国人民，使能自助而击败共同之敌人——日本。

即对于今日国共两党之政治的争执，鄙人亦不拟卷入漩涡，但鄙人既为美国驻华军总司令，又为蒋委员长之参谋长，故对于运用在中国战区内活动之一切盟方力量一点，不能不极端重视。鄙人感觉，保证一切可能运用之人力物力继续用于对日战争，实为鄙人之职责。因此之故，上述朱德将军与彭德怀将军之报告，使吾人不能不立刻采取行动，保证中国军力之用于对日战争。因此鄙人曾向委员长提出下列建议：

a. 由鄙人遣派至少美国军官二人、士兵五人，携带无线电装备，驻在与贵军毗连或接近之中央政府各师内。该项美国人员就中央政府各师对被派遣之工作情形，向鄙人随时提出报告。

b. 由鄙人遣派至少美国军官二人、士兵五人，携带无线电装备，驻在与中央政府军队毗连或接近之贵军各师内。该项人员就贵军各师对被派遣之工作情形，经由雅顿上校，向鄙人随时报告。

c. 凡由鄙人遣派美国官兵驻扎之各中央师，由委员长训令各该师师长，关于各该师部队，下至连部（包括连部在内）之位置、移动及差遣，应由各该师每日以详情告知该项美国官兵，并予该项美国官兵以机会，使能亲眼视察该项位置、移动及差遣。

d. 凡由鄙人遣派驻扎之贵军各师，由阁下训令各师师长，关于各该师部队下至连部（包括连部在内）之位置、移动及差遣，应由各该师师长，每日以详情告知该项美国官兵，并予该项美国官兵以机会，使能亲眼视察该项位置、移动及差遣。

e. 鄙人接到驻在中央师的美国官兵报告后，立即撮要用书面报告委员长。

f. 雅顿上校接到驻在贵军各师的美国官兵报告后，立即撮要用书面报告阁下。

g. 鄙人将上项办法所获得之材料报告美国政府。

关于中央政府及贵处双方军队之活动有许多的互讦、错误解释和错误报导，鄙人感觉采取上项实事求是之办法，关于中央军及贵军部队使用情形，鄙人能获得一种真实的、客观的、无所偏袒的报告，鄙人亦可以事实的材料呈报美国政府。

回忆鄙人客冬初抵中国之时，周恩来先生曾在重庆数度过访。鄙人因得聆悉彼之共产党人的观点，而对日抗战到底即其观点之一也。鄙人深信阁下与委员长俱与鄙人有此同感，即久苦战祸、贫困万分之贵国人民，期望和平，实至殷切，倘此次击败日本之后，而又继续战争不已，使紊乱困苦与破坏有加无已，则不幸之事，诚无有过于此者。倘阁下与雅顿上校讨论上项建议，并及早以阁下意见见复，鄙人实不胜感谢。鄙人前已言及，上述计划已与委员长讨论，他对于此项计划十分赞同。倘能获阁下之赞同，鄙人愿立即遣派美国代表携带通讯工具，前来延安，并即将该项工具分配至贵处各师，同时分配给中央政府部队。

美军总司令陆军少将

魏德迈谨启

一九四五年七月卅日

右函送陈

延安中国共产党中央委员会主席

毛泽东先生

叶顿关于魏德迈讲错一件事给毛泽东的信

1945 年 8 月 5 日

延安观察组总部

中国共产党中央执行委员会主席毛泽东先生:

延安·中国

我的敬爱的毛先生:

魏德迈耶将军刚由无线电通知我说:自我离开以后,他发现了在他写给你的关于若干时以前你的军队所逮捕的四位美国人和一位中国人一事的那封信中,他讲错了一件事实。

完全由于误会,魏德迈耶将军说那被捕的中国人是翻译员。战略活动局(OSS)派这几个人的主要目的是去与伪军接头,以便确定当军事活动达到其地区时,他们将抱什么态度和将有什么行动。该中国人之所以被偕去,是因为他自称对该地的本地人很熟悉,要用他来当接头人。

魏德迈耶将军说,他并不确知此人是属于戴笠的。可是他对于误会之发生,极为抱歉,并要向你保证他并不是故意曲解事实或把不确的事情告诉你的。

叶顿上校谨启

一九四五年八月五日

叶顿参谋团为办理被日本俘虏之美方人员给叶剑英的电报

1945 年 8 月 17 日

美军观察组　　17.8.1945

空军地上援助组

中国延安

十八集团军

参谋长

叶剑英将军

叶将军阁下：

随着日本的正式投降，美国政府将切望加速办理前被日本俘虏或拘留之盟国人员返国，因此，我们应提供下列计划，请十八集团军参谋部考虑：

A. 派遣医药、管理人员，每队不超出六个人，到现在已知或将来发现之在满洲、朝鲜、海南岛以及解放区贵军控制下的城市：北平、潍县、天津、上海、香港与广州之俘虏营与拘留营。

B. 该队目的将专门为照顾俘虏及被拘留者，向中国战区美军总部报告他们的情况，并加速布置遣送他们各回国事宜。所用的人员大多数将是美军人员，他们的工作将完全是慈善的，与军事的或政治的活动无关。

C. 一切队员均将持有证书，说明他们的任务，乃慈善性质。如贵方希望时，凡空运他们赴目的地或运送供给品给他们，该飞机可以除一般美国徽标外再加以特殊标记，无线电通讯将由 贵方电台与贵方人员经营，由我方尽可能补充材料及予以帮助。

电报将限于与俘虏及拘留人员的安全与撤退有关事项。我们要求获悉 贵方对上列活动之意见，以便尽早进行。

阁下之至友
依凡 · D · 叶顿参谋团
上校 组长

周恩来关于美拟撤退在延观察组给中央的请示电

1946年3月11日

美拟撤退在延观察组

中央并告叶饶罗：

（一）马歇尔转来魏德迈通知，为执行美陆军部复员计划，拟即撤退延安美军观察组，除带走一部分装备外，其余送给我们，并问我们意见。

（二）我即答已让他们在延再留一时期，和美在华陆军总部同时撤消。

请叶在平作同样表示，中央及叶有何意见请告。

周恩来　寅真子

中共中央关于同意美军观察组再留延一时期给周恩来的复电

1946年3月12日

周并告叶饶罗

同意真子电美军观察组再留延一时期，以表示我对美之欢迎态度。

中央　寅文

周恩来关于希望美军观察组留延安一时期给美国卡尔菲上校的信

1946 年 3 月 13 日

另外一个问题　　1946.3.13

陆军上校 J · Hart caughey

美国大使馆

重庆

亲爱的陆军上校 caughey（卡尔菲）

我荣幸地接到 1946.3.9 关于 Wedcmyer’s 将军提议取销延安观察组的备忘录。

我根据毛主席、朱总司令的指示，希望美军驻延观察组一至〔直〕维持到美军司令部从中国撤退以前。我们这样要求是为了建立我们之间的直接联系，能够更进一步更好地了解和合作。

良好地祝愿！

周恩来

中共中央关于美军观察组九日撤退给周恩来的电报

1946年4月7日

周：

（一）据叶顿上校通知，观察组定于本月九日撤消，全部人员将飞沪。器材正移交中。

（二）叶顿意见，为使双方联络不致中断，我方可由你向吉伦将军提议派一军官（不低于上校阶级）驻延担任联络。

（三）此项意见是否提出或早提或迟提，请你考虑办理。

中央　卯虞

代日韵目与纪月十二支及代时表

代日韵目与纪月十二支及代时表

代日韵目表						纪月表		代时表	
1日	东、先	13日	元、覃	25日	有、径	1月	子	子时	23:00—1:00
2日	冬、萧	14日	寒、盐	26日	寝、宥	2月	丑	丑时	1:00—3:00
3日	江、肴	15日	删、咸	27日	感、沁	3月	寅	寅时	3:00—5:00
4日	支、豪	16日	铣、谏	28日	俭、勘	4月	卯	卯时	5:00—7:00
5日	微、歌	17日	篠、霰	29日	豏、艳	5月	辰	辰时	7:00—9:00
6日	鱼、麻	18日	巧、啸	30日	陷、	6月	巳	巳时	9:00—11:00
7日	虞、阳	19日	皓、效	31日	世、引	7月	午	午时	11:00—13:00
8日	齐、庚	20日	哿、号			8月	未	未时	13:00—15:00
9日	佳、青	21日	马、箇			9月	申	申时	15:00—17:00
10日	灰、蒸	22日	养、杩			10月	酉	酉时	17:00—19:00
11日	真、尤	23日	梗、漾			11月	戌	戌时	19:00—21:00
12日	文、侵	24日	迥、敬			12月	亥	亥时	21:00—23:00